fraudes corporativas e programas de
compliance

O selo DIALÓGICA da Editora InterSaberes faz referência às publicações que privilegiam uma linguagem na qual o autor dialoga com o leitor por meio de recursos textuais e visuais, o que torna o conteúdo muito mais dinâmico. São livros que criam um ambiente de interação com o leitor – seu universo cultural, social e de elaboração de conhecimentos –, possibilitando um real processo de interlocução para que a comunicação se efetive.

fraudes corporativas e programas de *compliance*

Francisco de Assis do Rego Monteiro Rocha Junior

Guilherme Frederico Tobias de Bueno Gizzi

EDITORA intersaberes

Rua Clara Vendramin, 58
Mossunguê . CEP 81200-170
Curitiba . PR . Brasil
Fone: (41) 2106-4170
www.intersaberes.com
editora@editoraintersaberes.com.br

- Conselho editorial
  Dr. Ivo José Both (presidente)
  Dr.ª Elena Godoy
  Dr. Nelson Luís Dias
  Dr. Neri dos Santos
  Dr. Ulf Gregor Baranow
- Editora-chefe
  Lindsay Azambuja
- Supervisora Editorial
  Ariadne Nunes Wenger
- Analista Editorial
  Ariel Martins
- Preparação dos originais
  Gilberto Girardello Filho

- Edição de texto
  Floresval Nunes Moreira Junior
  Tiago Krelling Marinaska
- Capa
  Iná Trigo (*design*)
  Reinhold Leitner/Shutterstock (imagem)
- Projeto gráfico
  Raphael Bernadelli
- Diagramação
  Estúdio Nótua
- Equipe de *design*
  Mayra Yoshizawa
  Charles L. da Silva
- Iconografia
  Celia Kikue Suzuki
  Regina Claudia Cruz Prestes

Dados Internacionais de Catalogação na Publicação (CIP)
(Câmara Brasileira do Livro, SP, Brasil)

Rocha Junior, Francisco de Assis do Rego Monteiro
Fraudes corporativas e programas de compliance/
Francisco de Assis do Rego Monteiro Rocha Junior,
Guilherme Frederico Tobias de Bueno Gizzi. Curitiba:
InterSaberes, 2018.
Bibliografia.
ISBN 978-85-5972-706-7

1. Compliance 2. Corporações – Práticas de corrupção
3. Fraudes 4. Organizações 5. Programas de compliance
I. Gizzi, Guilherme Frederico Tobias de Bueno. II. Título.

18-13894   CDU-343

Índices para catálogo sistemático:
1. Fraudes corporativas: Programas de compliance:
Criminologia: Direito penal 343

1ª edição, 2018.

Foi feito o depósito legal.

Informamos que é de inteira responsabilidade dos autores a emissão de conceitos.

Nenhuma parte desta publicação poderá ser reproduzida por qualquer meio ou forma sem a prévia autorização da Editora InterSaberes.

A violação dos direitos autorais é crime estabelecido na Lei n. 9.610/1998 e punido pelo art. 184 do Código Penal.

apresentação 11

como aproveitar ao máximo este livro 17

Capítulo 1 **Fraudes corporativas e seus principais fatores - 21**

1.1 Fraudes e fraudes corporativas: gênero e espécie - 22
1.2 Principais fatores das fraudes corporativas - 26
1.3 Dados do *Global Fraud Report* - 34

Capítulo 2 **Modelos de análise das fraudes - 41**

2.1 O modelo da economia racional - 42
2.2 O modelo da economia comportamental - 47
2.3 A necessária pluralidade metodológica para a compreensão e a detecção das fraudes - 67

sumário

Capítulo 3 **Repercussões jurídicas das fraudes corporativas - 73**

3.1 Fraudes corporativas criminalizadas pelo sistema jurídico brasileiro - 74
3.2 Fraudes corporativas não criminalizadas pelo sistema jurídico brasileiro - 95
3.3 A importância e a necessidade dos programas de *compliance* - 99

Capítulo 4 **Legislação sobre anticorrupção - 105**

4.1 A Lei Anticorrupção Norte--Americana – *Foreign Corrupt Practices Act* (FCPA) - 106
4.2 Convenção Interamericana contra a Corrupção - 109
4.3 Convenção da Organização das Nações Unidas contra a Corrupção - 112
4.4 Convenção sobre o Combate da Corrupção de Funcionários Públicos Estrangeiros em Transações Comerciais Internacionais - 114
4.5 A Lei Anticorrupção Brasileira - 115

Capítulo 5 **Programas de *compliance*: estrutura e objetivos - 127**

- 5.1 O significado do termo *compliance* - 128
- 5.2 Aspectos gerais do programa de *compliance* - 129
- 5.3 Principais vantagens geradas pelo programa de *compliance* - 135
- 5.4 Pilares do programa de *compliance* - 139

estudo de caso 175

para concluir... 177

referências 183

respostas 191

sobre os autores 195

Deixe-me ir logo dizendo.
Eles trapaceiam. Você trapaceia.
E sim, eu também trapaceio de
tempos em tempos.

(Ariely, 2012, p. 11)

O estudo *Report to the Nations on Occupational Fraud and Abuse**, levado a cabo no ano de 2016 pela Associação de Examinadores de Fraude Certificados (ACFE – Association of Certified Fraud Examiners), relata que as corporações que participaram da enquete tiveram, em média, perdas de 5% de suas receitas. O custo total das perdas identificadas excedeu os 6,3 bilhões de dólares, sendo que a média das perdas sofridas por empresa foi de 150 mil dólares. Há que se destacar, ainda, que 23% das perdas foram superiores a 1 milhão de dólares (ACFE, 2016).

A pesquisa traz inúmeros outros dados que ilustram a importância do tema das *fraudes no mundo corporativo*: trata-se de um enorme problema, com grandes consequências econômicas (aqui entendidas no seu mais amplo espectro, englobando a lucratividade e a competitividade da empresa, o nível de atração de investimentos por parte de um setor econômico, além do nível de efetividade do

---

* A pesquisa pode ser acessada, na íntegra, em inglês, no seguinte *link*: <https://s3-us-west-2.amazonaws.com/acfepublic/2016-report-to-the-nations.pdf>. Acesso em: 23 mar. 2018.

apresentação

marco legal e da segurança jurídica para a manutenção dos negócios em um determinado país).

Essas, entre outras razões, impulsionaram-nos à realização deste livro, que tem como objetivo central fazer uma análise das fraudes corporativas (investigando seus elementos centrais), do tratamento jurídico que tais tipos de fraude recebem no sistema jurídico brasileiro, além dos programas de *compliance*, um dos mecanismos, por excelência, pensados para prevenir e coibir a ocorrência de fraudes no âmbito corporativo.

Segundo o Dicionário Houaiss da Língua Portuguesa, uma fraude é "qualquer ato ardiloso, enganoso, de má-fé, com o intuito de lesar ou ludibriar outrem, ou de não cumprir determinado dever" (Houaiss; Villar, 2009). Jamal, Johnson e Berryman (citados por Costa; Wood Jr., 2012, p. 465) revelam que uma fraude corporativa acontece "quando os agentes fraudadores identificam uma oportunidade, tomam sucessivas decisões visando obter vantagens ilícitas e gerenciam a *mise-en-scène* para ocultar tais decisões e seus efeitos".

Para atingirmos nossos objetivos, estruturamos esta obra em cinco capítulos. No Capítulo 1, devidamente escudados na literatura tradicional sobre o tema, discutimos os principais fatores, fundamentos e mecanismos das fraudes corporativas. Nesse sentido, abordamos o papel da sociedade no ambiente de conformação da fraude, considerando tanto os elementos que a propiciam quanto os mecanismos que a inibem. O marco regulatório, o setor econômico ao qual a empresa está ligada e a própria organização em que a fraude tem (ou não) espaço são outros elementos abordados no primeiro capítulo. Por fim, debatemos o papel de cada indivíduo na decisão de perpetrar ou evitar fraudes, com base nos dados do *Global Fraud Report*, estudo desenvolvido pela Economist Intelligence Unit, divisão de pesquisa e análise do Economist Group, em parceria com a Kroll, empresa de consultoria de riscos. Assim, procuramos revelar que as fraudes não são exclusividade das pessoas com predisposição para fraudar, tampouco são empreendidas monopolisticamente nas corporações que apresentam um ambiente com pouca ética e baixo nível de governança corporativa. Pelo contrário, demonstramos que as fraudes são mais comuns do que podemos imaginar e podem ser praticadas por qualquer pessoa.

Sendo esse o norte epistemológico da presente obra, apresentamos, no Capítulo 2, um confronto entre os modelos utilizados para se analisar as fraudes: o modelo da economia racional e o modelo da economia comportamental. Contrapondo-se ao primeiro – utilizado pela literatura mais tradicional sobre o tema –, o modelo da economia comportamental considera que qualquer pessoa pode ser potencialmente desonesta e que as fraudes são bem mais corriqueiras do que se pode imaginar. Nesse sentido, entendemos que autoavaliações e análises do nível de honestidade das pessoas só servem para turvar nossa visão sobre essa temática. Com base nesse paradigma, verificamos a existência de fatores que podem influenciar de maneira relevante o cometimento de uma fraude, tais como a distância psicológica em relação aos fatores relacionados a ela, o conflito de interesses envolvidos, a influência do cansaço, o autoengano e a força da degradação da nossa própria imagem.

Estabelecido esse debate, nosso intento no Capítulo 3 é o de verificar, baseando-se na análise das mais frequentes fraudes corporativas, como elas se concretizam no aspecto prático e de que forma se encaixam nas estruturas do sistema jurídico brasileiro. Dessa perspectiva, examinamos os mais frequentes crimes corporativos: a apropriação indébita, o estelionato, o furto e a invasão de dispositivo informático, a corrupção ativa, a lavagem de dinheiro e a concorrência desleal. Por isso, nesse capítulo, traçamos uma rápida análise sobre cada um desses tipos penais. Além das condutas criminalizadas, segundo o sistema jurídico brasileiro, também abordamos as fraudes mais comuns, mas que não são consideradas crimes, como o conflito de interesses, a desobediência às normas regulamentares e a desatenção às normas de *compliance*. Finalizamos o terceiro capítulo procurando demonstrar a importância dos programas de *compliance*.

No Capítulo 4, com o propósito de demonstrar como o tema do combate à corrupção tem sido abordado por organismos internacionais e por Estados estrangeiros, tratamos das principais diretrizes normativas sobre o assunto – ainda que sem a pretensão de esgotá-las. Iniciamos esse debate com a exposição da norma estadunidense *Foreign Corrupt Practices Act* (FCPA), editada ainda na década de 1970, e que, pelo seu caráter vanguardista, influenciou na criação de outras normas anticorrupção. Também tratamos das maiores sanções aplicadas, com base nessa lei, às empresas que se envolveram em casos de corrupção. Posteriormente, apresentamos as convenções internacionais criadas com o objetivo de incentivar os países signatários, inclusive o Brasil, a criarem mecanismos jurídicos internos no sentido de combater a corrupção e a se comprometerem com a aplicação desses dispositivos. Na parte final desse capítulo, pontuamos as principais definições e características da Lei Anticorrupção Brasileira (Lei n. 12.846/2013) e do Decreto Regulamentador (Decreto n. 8.420/2015), bem como as inovações que ambos trouxeram consigo.

No Capítulo 5, analisamos a principal ferramenta de combate às fraudes à disposição de pessoas jurídicas e atores do mundo corporativo: o programa de *compliance*. Iniciamos o debate com a definição do termo *compliance*. Em seguida, expomos os aspectos gerais desse programa: foco na atuação preventiva de ocorrências de atos ilícitos e nos mecanismos de detecção e combate às fraudes; a influência que ele exerce nos comportamentos das pessoas por meio do incentivo de condutas pautadas pela ética; os objetivos e os meios necessários para alcançar tais comportamentos; a estrutura do programa, que consiste nos pilares que o sustentam; e a importância do líder de *compliance* no desenvolvimento em todo o processo. Na sequência, pontuamos as principais vantagens que esse programa proporciona às corporações, principalmente considerando o contexto histórico no qual a sociedade brasileira está inserida, marcado pela mudança de velhos paradigmas e pela atuação destacada das instituições governamentais de investigação, controle e fiscalização – tais como polícias judiciárias, Ministério Público e Poder Judiciário – no combate à corrupção em nível jamais vivenciado. Por fim, descrevemos os pilares que constituem o programa de *compliance*, demonstrando suas respectivas interfaces, bem como suas funções e seus objetivos, além da influência exercida por cada elemento que o constitui para a construção de um resultado satisfatório para a organização.

Evidentemente, em virtude dos objetivos desta obra, diversos outros temas correlatos não foram abordados. Discutir as fraudes corporativas nos remete, necessariamente, a questões fundamentais de organização da sociedade, principalmente em relação à forma como equilibramos a liberdade de iniciativa e os direitos fundamentais em nosso Estado.

Fraudes não significam apenas menos rentabilidade e menor segurança jurídica para novos investimentos e para negócios em curso, elas também representam o substrato por meio do qual impede-se o acesso a direitos básicos, como saúde, educação e cultura. Ao fim e ao cabo, se muitos pensam que há um embate entre a liberdade de iniciativa e os direitos fundamentais, em que um predomina quando o outro é atacado, talvez seja porque essa questão está sendo debatida de forma absolutamente enviesada.

Antes de se tratarem de dimensões antagônicas da nossa sociedade, tanto a liberdade de iniciativa quanto os direitos fundamentais constituem os pilares que a sustentam. Se um desses pilares se quebra, o outro se abala e não teria condições de aturar sozinho todo o peso que lhe recairia. Em suma, as fraudes abalam tanto nossa liberdade de iniciativa quanto o acesso aos mais básicos direitos fundamentais. Nesse sentido, o desenvolvimento de mecanismos com os quais podemos combater e coibir as condutas fraudulentas é mais do que uma necessidade jurídica: é um imperativo ético.

Este livro traz alguns recursos que visam enriquecer o seu aprendizado, facilitar a compreensão dos conteúdos e tornar a leitura mais dinâmica. São ferramentas projetadas de acordo com a natureza dos temas que vamos examinar. Veja a seguir como esses recursos se encontram distribuídos no projeto gráfico da obra.

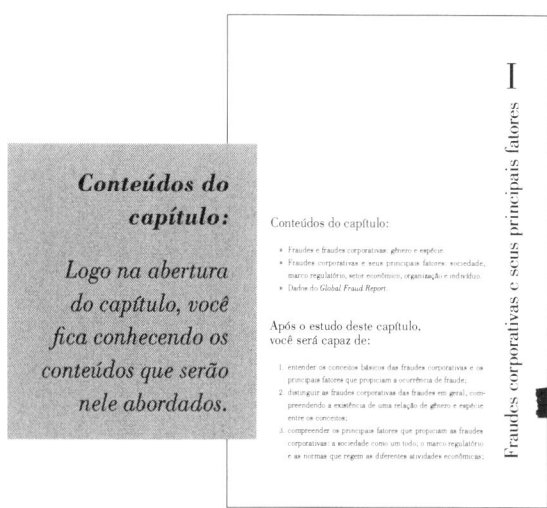

Conteúdos do capítulo:

Logo na abertura do capítulo, você fica conhecendo os conteúdos que serão nele abordados.

Após o estudo deste capítulo, você será capaz de:

Você também é informado a respeito das competências que irá desenvolver e dos conhecimentos que irá adquirir com o estudo do capítulo.

como aproveitar ao máximo este livro

Síntese

Você dispõe, ao final do capítulo, de uma síntese que traz os principais conceitos nele abordados.

Para saber mais

Você pode consultar as obras indicadas nesta seção para aprofundar sua aprendizagem.

Questões para revisão

Com essas atividades, você tem a possibilidade de rever os principais conceitos analisados. Ao final do livro, os autores disponibilizam as respostas às questões, a fim de que você possa verificar como está sua aprendizagem.

Questões para reflexão

Nesta seção, a proposta é levá-lo a refletir criticamente sobre alguns assuntos e trocar ideias e experiências com seus pares.

Questões para reflexão

De acordo com o Relatório Mundial da Felicidade 2017*, elaborado pela ONU, a Noruega lidera o *ranking* das nações mais felizes do mundo entre os 155 países observados, seguida por Dinamarca, Islândia, Suíça e Finlândia. Os países menos felizes, por seu turno, são: Síria, Tanzânia, Burundi e, por último, República Centro-Africana. Já o Brasil ocupa a 22ª posição nessa lista. Para determinar a posição no *ranking*, a pesquisa da ONU levou em consideração seis fatores: a) o desempenho da economia, medido pela renda *per capita*; b) a expectativa de vida com saúde; c) o suporte à população por meio de políticas públicas; d) a liberdade de escolher e tomar decisões; e) a generosidade do povo; f) por fim, a percepção do nível de corrupção governamental e das empresas. No que tange ao fator da corrupção, há 73 posições entre o Brasil e a Noruega no *ranking* mundial de percepção da corrupção (Noruega é a 6ª colocada, e o Brasil, o 79º colocado), de acordo com o índice de 2016 publicado pela Transparência Internacional**, organização global contra a corrupção.

1) Com base nessas informações, relacione os motivos que levam os altos níveis de percepção de corrupção no Brasil, nos setores públicos e privados, a afetarem a felicidade dos brasileiros.

* Disponível em: <http://worldhappiness.report/wp-content/uploads/sites/2/2017/03/HR17.pdf>. Acesso em: 27 mar. 2018.
** Disponível em: <https://www.transparency.org/news/feature/corruption_perceptions_index_2016>. Acesso em: 27 mar. 2018.

Estudo de caso

Esta seção traz ao seu conhecimento situações que vão aproximar os conteúdos estudados de sua prática profissional.

estudo de caso

Retorno ao protagonismo após denúncias de fraudes corporativas: o Caso Siemens

Uma das maiores empresas públicas do mundo, a alemã Siemens, após as denúncias jornalísticas feitas no ano de 2006 – quando contava com mais de 150 anos de história –, revelando que ela mantinha caixa dois para efetuar o pagamento de propinas a agentes públicos estrangeiros em troca de contratos, viu-se envolvida em um dos maiores escândalos corporativos mundiais (Gonsales et al., 2016, p. 9).

Inicialmente, a empresa negou os fatos, mas, posteriormente, passou a afirmar que, se houve fraudes, estas teriam ocorrido por funcionários desonestos, porém, sem o conhecimento da empresa (Candeloro; Rizzo; Pinho, 2012, p. 430).

Após as denúncias, a Siemens passou a ser investigada pelas autoridades estadunidenses, pois possuía valores mobiliários negociados na Bolsa de Nova Iorque e mantinha contratos milionários com o governo norte-americano, bem como pelas autoridades alemãs, pois a empresa está sediada nesse país (Gonsales et al., 2016, p. 9).

A empresa, por seu turno, na intenção de colaborar com as autoridades investigadoras, passou a desenvolver uma investigação paralela e, por seus contratou advogados externos, contadores forenses

I Fraudes corporativas e seus principais fatores

Conteúdos do capítulo:

» Fraudes e fraudes corporativas: gênero e espécie.
» Fraudes corporativas e seus principais fatores: sociedade, marco regulatório, setor econômico, organização e indivíduo.
» Dados do *Global Fraud Report*.

Após o estudo deste capítulo, você será capaz de:

1. entender os conceitos básicos das fraudes corporativas e os principais fatores que propiciam a ocorrência de fraude;
2. distinguir as fraudes corporativas das fraudes em geral, compreendendo a existência de uma relação de gênero e espécie entre os conceitos;
3. compreender os principais fatores que propiciam as fraudes corporativas: a sociedade como um todo; o marco regulatório e as normas que regem as diferentes atividades econômicas;

o ambiente corporativo e organizacional; o próprio indivíduo que executa tarefas e participa da gestão da empresa;
4. analisar, contextualizadamente, os dados a respeito das fraudes corporativas presentes no *Global Fraud Report*.

1.1 Fraudes e fraudes corporativas: gênero e espécie

Quando um agente fraudador depara-se com uma circunstância favorável ilícita no âmbito de uma sociedade empresarial, a qual pode lhe trazer vantagens econômicas diretas ou indiretas, planeja e executa ações para alcançar tais vantagens e, posteriormente, lança mão de estratégias para encobrir o que foi realizado e seus efeitos, diz-se que houve uma fraude corporativa.

Como apontam Costa e Wood Jr. (2012), nos últimos anos vários escândalos rumorosos de fraudes corporativas ganharam manchetes na grande mídia. Enron, Global Crossing e Bernard L. Madoff, nos Estados Unidos, e Banco Santos, Boi Gordo e Daslu, no Brasil, passaram a ser nomes conhecidos, e as referidas empresas e seus negócios passaram a ser debatidos em seus detalhes.

Não se podem negar os impactos negativos que fraudes como as ocorridas nos casos citados impõem às corporações, como a própria extinção da empresa e dos empregos gerados, o abalo na confiança de clientes, acionistas e investidores e, até mesmo, o abalo na credibilidade de todo um setor econômico (Costa; Wood Jr., 2012).

Para Parodi (2008), tais tipos de fraudes podem ser explicados pela coexistência de três fatores primários: a existência de golpistas motivados, a disponibilidade de vítimas adequadas e vulneráveis e a ausência de regras ou controladores eficazes. Pormenorizando cada um desses elementos, o autor afirma que a existência de golpistas motivados ocorre em virtude da

> carência de alternativas para determinadas classes sociais, ineficiência das leis, incerteza da pena, incerteza jurídica, sistema financeiro evoluído, existência de inúmeras oportunidades, pouca fiscalização, pouca organização das autoridades em nível nacional, desrespeito às leis encarado como comportamento comum. (Parodi, 2008, p. 5)

O segundo elemento, a disponibilidade de vítimas adequadas e vulneráveis, segundo o autor, se dá em virtude de "pouca informação e divulgação preventiva, necessidade em muitos setores (capital nas empresas, crédito nas classes baixas), ignorância e ingenuidade difusas, ganância com valor cultural difuso, desrespeito às leis encarado como comportamento comum" (Parodi, 2008, p. 5).

Por fim, a ausência de regras ou controladores eficazes são fatores que estariam ligados a

> percepção do problema como não prioritário, despreparo e pouco treinamento específico das autoridades de polícia, escassa coordenação em nível nacional de ações contra fraudadores, falta de leis específicas e pouca clareza em algumas das existentes, falta de organismos dedicados à luta contra estes fenômenos. (Parodi, 2008, p. 5)

Ao lado dos fatores primários, o autor ainda se refere a determinadas "alavancas" – o que poderíamos também denominar de *fatores secundários* –, sendo elas:

1. Ganância e Vontade de fazer "Dinheiro Fácil".
2. Ignorância (Tecnológica, Operacional, Legal, Comercial etc.).
3. Gostinho pelo "Ilegal" e pelo "Proibido".

4. Gostinho pelo "Misterioso" e pelo "Exclusivo" ou "Inédito".
5. Irracionalidade e tendência a negar as evidências para perseguir um sonho.
6. Ingenuidade, Credulidade e Escassa Atenção.
7. Necessidade e Outras Pressões/Urgências.

Todas as fraudes são baseadas no aproveitamento sem escrúpulos de uma ou mais destas frequentes "características" ou "condições" humanas. (Parodi, 2008, p. 6)

Parodi (2008) ainda se refere a um terceiro conjunto de fatores que propiciariam as grandes fraudes. São eles:

» **Reciprocidade**: refere-se ao fato de fazer um favor em troca de outro. Por exemplo: um golpista poderá se mostrar muito prestativo para com alguém e, quando pedir algo a essa pessoa, ela poderá se sentir constrangida em dizer "não".

» **Escassez de tempo**: ocorre quando um golpista pressiona uma vítima, alegando que determinada oportunidade existirá por tempo limitado ou que é preciso agir rapidamente porque algum prazo precisa ser respeitado.

» **Autoridade**: diz respeito à aura de legitimidade conferida ao golpista pelo discurso de que ele é ligado a órgãos ou entidades públicas, o que, supostamente, lhe confere poder.

» **Fixação em fantasias**: trata-se de quando o golpista faz a vítima concentrar sua atenção nos grandes benefícios que poderá auferir, fazendo com que ela não se preocupe tanto com os riscos envolvidos no negócio.

» **Prova social**: ocorre quando o golpista apresenta um discurso que leva a vítima a crer que o que lhe está sendo proposto já foi feito por muitas pessoas ou empresas.

» **Simpatia**: refere-se a quando o golpista cria uma atmosfera em que ele e a vítima parecem estar se tornando amigos, e não apenas parceiros de negócios.

» **Terceirização de credibilidade**: dá-se quando o golpista, muitas vezes utilizando-se de mentiras, convence alguma pessoa possuidora de credibilidade e, sem aplicar-lhe o golpe, leva-a a crer que se trata de uma ação positiva, de modo que a confiabilidade dessa pessoa servirá de "propaganda" do golpe para as vítimas, que mais facilmente se deixarão enganar.

» **Autenticação por associação**: trata-se de fazer algo parecer autêntico, mesmo que não o seja, associando esse algo a elementos confiáveis ou apresentendo-o em conjunto com elementos comprovadamente lícitos. Exemplo disso, segundo Parodi, é "um documento falso que, quando apresentado em conjunto com outros documentos verdadeiros e confiáveis ou comprovadamente autênticos, pode acabar sendo aceito como autêntico" (Parodi, 2008, p. 7).

» **Envolvimento da vítima por etapas sucessivas**: consiste em levar a vítima a fazer sucessivos investimentos "em tempo, ações, contatos, viagens, dinheiro, imagem, referências, comprometimentos etc." (Parodi, 2008, p. 7), para criar a sensação de que o golpe está se concretizando e para dificultar a desistência dos participantes, tendo em vista que, em geral, as pessoas preferem investir mais a perderem aquilo que já investiram.

O que distingue a **espécie** *fraude corporativa* do **gênero** *fraude* é, justamente, o fato de que a primeira ocorre no seio de uma empresa, sem se confundir com o objeto social da organização, que continua sendo perseguido, independentemente dos atalhos que tenham sido criados. Já a segunda categoria, ao contrário, se caracteriza por um ato ou conjunto de atos que tem como fundamento e destino a sua própria realização, esvaziando-se a própria organização de pessoas e de instrumentos que tenham sido arregimentados para a prática do ato ilícito após sua concretização. Ou, ao menos, até que o próximo golpe – com outra vítima e em outro contexto – venha a ser levado a cabo.

De tal sorte, e para que possamos melhor localizar o fenômeno das fraudes corporativas, abordamos a seguir os principais fatores que suscitam as suas ocorrências e induzem à sua prática.

1.2 Principais fatores das fraudes corporativas

A seguir, vamos apresentar alguns dos principais fatores que estão relacionados às fraudes corporativas. São eles: a sociedade, o marco regulatório, o setor econômico, a organização e o indivíduo.

1.2.1 Sociedade

Costa e Wood Jr. (2012) indicam alguns elementos como componentes a serem considerados na ocorrência de fraudes. Dentre eles, em primeiro plano, os autores citam a sociedade, tomada em seus espectros cultural, histórico, valorativo e até mesmo comportamental – exemplificado por uma maior ou menor tolerância para com atos fraudulentos.

Ainda que seja extremamente difícil realizarmos uma análise da forma como uma sociedade se relaciona com as fraudes e a corrupção de maneira geral – muito mais um trabalho antropológico do que de qualquer outra seara científica –, os referidos autores trazem uma perspectiva bastante interessante: os dados do instituto Transparência Internacional (*Transparency International*)* a res-

---

* A pesquisa pode ser acessada na íntegra no seguinte *link*: <https://www.transparency.org/news/feature/corruption_perceptions_index_2016>. Acesso em: 23 mar. 2018.

peito do índice de percepção da corrupção. A metodologia realizada pelo instituto para indicar seus números parte da coleta de dados, de diversas fontes, em cada um dos países pesquisados.

Porém, como o artigo de Costa e Wood Jr. utiliza dados de 2011, procuramos atualizar a base de dados, utilizando, para tanto, dados de 2016 divulgados no início de 2017 pelo Transparência Internacional. No que diz respeito ao Brasil, podemos indicar o fato de nosso país ocupar a 79ª colocação entre os analisados, com um escore de 40 pontos (no qual 0 significa altamente corrupto e 100 significa muito honesto), ao lado de Belarus, China e Índia. Tal escore também nos coloca em posição inferior à média de de todo o continente americano, cuja média é de 44 pontos (Transparency International, 2017).

Não há qualquer dúvida de que os casos de corrupção que vêm sendo amplamente divulgados no Brasil nos últimos anos tiveram grande impacto em nossa colocação nesse *ranking*. Tampouco podemos discordar da análise geral do instituto, que aponta que a corrupção sistêmica viola direitos humanos, dificulta enormemente o desenvolvimento sustentável e alimenta a exclusão social.

Contudo, também devemos concordar com a análise regional realizada pelo instituto, que revela que más notícias podem, por vezes, ser boas notícias. Por exemplo: as investigações referentes às grandes empreiteiras e suas interconexões com empresas estatais têm tido continuidade; a luta contra a corrupção tem atingindo grande destaque nos últimos anos; o papel das instituições responsáveis por levar a cabo tais investigações tem sido cada vez mais reforçado, mesmo em face de poderes que até então pareciam intocáveis. Nessa perspectiva, podemos perceber que a divulgação desses casos impulsiona a luta contra a corrupção.

Se podemos realizar tal leitura, a contrapartida não pode ser desconsiderada: autoridades passando por cima de normas legais para obter êxito em investigações e processos – como a realização de acordos de colaboração premiada apartados dos limites legais, exemplificados pelo regime fechado diferenciado, no qual o colaborador cumpre penas de mais de oito anos de reclusão em casa, algo inexistente no sistema jurídico brasileiro; um clima geral de caça às bruxas, que tem levado o sistema judiciário a temer ser exposto ao reconhecer direitos a um acusado, a um contribuinte ou a qualquer cidadão. Isso, de qualquer maneira, acaba tendo o mesmo efeito que uma corrupção generalizada: desrespeito à lei, insegurança jurídica – que se acentua para os desassistidos – e fuga de investimentos em nosso país – pois quem se arriscaria a investir em um país cujas normas são tão francamente desrespeitadas, e pior, no âmbito institucional?

Como síntese, podemos concluir que, no que se refere à atuação da sociedade em coibir ou propiciar as fraudes corporativas, apesar de termos aspectos positivos, como o fato de grandes corporações estarem sendo expostas – que gera uma crescente preocupação com o cumprimento de leis por parte da classe empresarial, justamente por conta dessa exposição –, precisamos também considerar o baixo padrão de observância das leis, que advém do próprio sistema judiciário, ao instaurar um eloquente contraexemplo flexibilizando normas e regulamentos quando os fins justificam os meios.

1.2.2 Marco regulatório

Como sustenta Badawi (2005), no sistema econômico, há oferta e demanda por ilicitudes; quando, em determinadas circunstâncias, esses dois fatores convergem, ocorre a fraude. Para combater ou, ao menos, refrear essa convergência, há uma série de leis que estrutura as regras de funcionamento, os sistemas de governança e o nível de transparência dos participantes do mercado e atores em potencial das fraudes (Costa; Wood Jr., 2012).

Por exemplo: no Brasil, todo o conjunto de investigações e processos penais que recebeu a alcunha de "Operação Lava Jato" se estruturou a partir de um marco legal constituído pelo tripé formado pela Lei n. 12.529/2011, que dispõe sobre os acordos de leniência, pela Lei n. 12.846/2013, que estabelece os mecanismos anticorrupção e programas de *compliance* em nosso país, e pela Lei n. 12.850/2013, que define *organização criminosa* e dispõe sobre os meios de obtenção de prova, como os acordos de colaboração premiada (Brasil, 2011; 2013b; 2013c).

Não obstante, não há dados empíricos que possam comprovar que o aumento do nível de controle externo (executado por agências reguladoras e instituições estatais de apuração e investigação de ilícitos) tem sido eficaz na prevenção de fraudes corporativas. Podemos até considerar o contrário, visto que não raras vezes nos deparamos com casos de corrupção que envolvem setores que deveriam fiscalizar as atividades empresariais. Não seria equivocado afirmarmos que uma maior burocracia muitas vezes acaba se concretizando em mais corrupção.

Assim, se é desejável que um país disponha de uma moderna e bem pensada legislação contra a corrupção e fraudes corporativas, não se pode apostar todas as fichas nessa linha de ação, visto que a eficácia dessa alternativa tem se mostrado bem modesta.

De tal sorte, e para os fins pretendidos pelo presente trabalho, não poderíamos indicar que a ocorrência de fraudes corporativas em nosso país se deve à ausência de um marco regulatório, tampouco que deveríamos empreender esforços na produção de ainda mais leis.

1.2.3 Setor econômico

Costa e Wood Jr. (2012), a partir de uma revisão bibliográfica, também apontam algumas características dos setores econômicos referentes a atividades que poderiam propiciar ou coibir a ocorrência de fraudes corporativas. Entre elas, estão a cultura da fraude, a pressão competitiva e o nível de heterogeneidade.

Pormenorizando cada um desses elementos, os autores mencionam Baucus e Near (1991), os quais indicam a existência de fatores que catalisam os fatores que dão origem a uma cultura da fraude. De maneira geral, são circunstâncias que caracterizam permeabilidade à lógica dos atalhos e ao descumprimento das normas legais e regulamentares. Tais circunstâncias estariam ligadas a uma maior ou menor sensação de impunidade em face de atos ilícitos que ocorrem no setor econômico em que a organização atua, da gradativa contaminação do setor por práticas fraudulentas e, ainda, de um marco regulatório vulnerável.

A dificuldade de identificar cada um desses fatores em um setor econômico se dá porque neles ocorre uma intersecção entre fatores culturais e marcos regulatórios, e essa intersecção se dá de maneira diferente em cada um dos setores econômicos de nossa cadeia produtiva. Mercados maduros, nos quais há baixíssimos níveis de sonegação (quando existem) e inexistência de corrupção de fiscais, por exemplo, tendem a se organizar de forma mais ética e correta. Podemos, assim, reparar que o inverso ocorre em setores estruturados de forma menos ética, pois o dilema entre participar do jogo da sonegação e corrupção ou denunciar os maus concorrentes pelas práticas ilegais que realizam, normalmente, é resolvido a favor do primeiro. Ou, ainda, pela simples desistência de participar do negócio.

Assim, podemos, então, concluir que existem setores econômicos criminógenos – ou seja, que favorecem a instalação de crimes e fraudes, como aqueles que têm sido desvelados nas recentes operações levadas a cabo pelos órgãos de repressão e investigação do crime no Brasil.

1.2.4 Organização

O quarto componente analisado é a organização propriamente dita, o *locus* onde se desenvolve a fraude corporativa. Ao focarem na organizações, os estudos científicos que tratam de fraudes corporativas enfatizam os sistemas internos de controle*. Não obstante, discordamos dessa perspectiva e procuraremos desenvolver uma rápida e não exaustiva discussão que migra para outra vereda.

Nesse sentido, centralizar a discussão nos sistemas, imaginando que eles possam ser o patamar de medição do controle das operações, do gerenciamento de riscos e dos níveis de governança corporativa, por exemplo, pode ser uma metodologia demasiadamente otimista. Ainda que se estenda a compreensão do conceito de sistema para os controles legais, regulatórios, sociais, procedimentais internos, por recompensa, entre outros.

Os patamares para localizarmos adequadamente a importância da organização na realização ou não de fraudes, antes mesmo de a fraude estar ligada aos sistemas de controle, estão fundados na própria cultura organizacional. Sustentamos tal entendimento a partir das análises de autores como Silva Sanchez (2013), que nos explica que as decisões individuais podem estar condicionadas por forças situacionais. Isso significa que os agentes nem sempre se comportam segundo sua disposição interna, ainda que ela também os condicione. O poder das forças situacionais, muitas vezes imperceptível, estaria representado pela atuação das pessoas envolvidas em determinado evento, pelas normas, pelas regras de autoridade, pelo anonimato e pela despersonalização das pessoas e do lugar, pelos processos muitas vezes desumanizadores, pelas pressões para obter

* Exemplo disso é o artigo "Increasing Firm Value through Detection and Prevention", de Schnatterly, publicado em 2003 no *Strategic Management Journal* (Schnatterly, 2003).

conformidade ou identidade coletiva, entre tantos outros aspectos (Silva Sanchez, 2013).

Esse autor sustenta que a maior ou menor incidência de fraudes em um determinado contexto corporativo, antes de ser representada pelo sistema (repita-se, aqui entendido da forma mais ampla), está relacionado à própria cultura organizacional.

Um ambiente fracamente regulamentado e com pouquíssimos procedimentos internos, mas permeado por um conjunto de valores efetivos que contemplem práticas éticas nutridas por exemplos e reforços discursivos, será muito menos propenso à ocorrência de fraudes do que um ambiente em que o inverso ocorra. Por exemplo: uma empresa que tem valores ligados à competitividade desenfreada e ao alcance de metas a qualquer custo, por mais que esteja regulamentada no aspecto legal e seja limitada por procedimentos internos burocráticos, muito provavelmente será um viveiro de fraudes e procedimentos desonestos e antiéticos.

1.2.5 Indivíduo

Costa e Wood Jr. (2012) asseveram que os estudos sobre fraudes corporativas centrados no indivíduo podem seguir dois raciocínios: o primeiro deles se refere à predisposição pessoal para o ato fraudulento, e o segundo, à adesão cognitiva do indivíduo ao sistema fraudulento (Costa; Wood Jr., 2012).

Em relação ao primeiro, uma análise científica do tema limita-o aos casos exclusivamente patológicos. Isso porque qualquer outro critério para a definição da expressão incorreria em odiáveis preconceitos em relação àqueles que flagrássemos em atos fraudulentos. Ainda que essa metodologia seja compreensível na esfera psicanalítica – posto que é extremamente reconfortante se asseverar conhecimento sobre a honestidade ou desonestidade de alguém –, ela é absolutamente criticável de um ponto de vista científico, pois não há qualquer base para classificarmos previamente as pessoas entre aquelas que têm tal predisposição pessoal e aquelas que não a têm.

Assim, essa categorização da tendência natural ou se refere aos casos de grave transtorno de personalidade esquizoide, exemplificados pela insensibilidade a normas sociais, frieza emocional e para com outras pessoas, ou se trata de uma categoria imprestável para perquirir as razões por que indivíduos cometeriam fraudes.

O segundo critério, referente à adesão cognitiva do indivíduo (sem predisposição para cometer fraude) ao sistema fraudulento, ainda que possa explicar uma expressiva quantidade de fraudes corporativas, inevitavelmente se prostraria diante da seguinte indagação: em um ambiente no qual imperasse uma cultura corporativa pautada na ética e calcada em transparência e legalidade, inexistiriam fraudes? E assim, ainda seria possível indagarmos, em um segundo momento: caso considerássemos uma situação com uma pessoa sem predisposição para atos fraudulentos em uma corporação que dispusesse de uma cultura de integridade, as fraudes estariam completamente erradicadas?

Essa teorização relacionada às perguntas anteriormente feitas é limitada, pois, apesar de oferecer respostas para um considerável número de situações práticas, não explica as fraudes ocorridas em situações diferentes das exemplificadas. Ou seja, todas as fraudes cometidas por autores sem predisposição para atos fraudulentos praticadas em corporações dotadas de governança corporativa (ou seja, pautadas pela ética e avessas a comportamentos fraudulentos) ficariam sem explicação.

O núcleo composto por tais fraudes não pode ser ignorado, visto que não seria precipitado sustentarmos que há alarmantes níveis de fraudes em empresas que contam com funcionários sobre os quais não recaem quaisquer suspeitas e que estão lastreadas em uma respeitável ética corporativa. Podemos, inclusive, afirmar que se constituem no grande volume das fraudes corporativas.

Dessa forma, compreendemos que o caminho a ser trilhado é o de vislumbrarmos as hipóteses que poderiam explicar as fraudes corporativas praticadas por indivíduos que não se encaixam nos pressupostos relatados. Nessa toada, inicialmente, faz-se necessário buscar dados a respeito da efetiva ocorrência de fraudes corporativas, bem como de suas principais características. Assim, estaríamos habilitados a esquadrinhar as espécies de fraudes corporativas e verificar a hipótese teórica proposta no presente item: a de que existe um sem-número de fraudes praticadas por indivíduos sem predisposição, em empresas com governança corporativa. Para tanto, vamos considerar, na seção a seguir, os dados do *Global Fraud Report*.

1.3 Dados do *Global Fraud Report*

A Economist Intelligence Unit – divisão de pesquisa e análise do Economist Group, que atua desde 1946 orientando empresários e governantes a entender as modificações pelas quais o mundo tem passado e como elas possibilitam a criação de novas oportunidades e o manuseio de riscos (EIU, 2018) –, em conjunto com a Kroll, empresa que faz consultoria de riscos, publica anualmente uma das mais conceituadas pesquisas no mundo a respeito das fraudes corporativas: o *Global Fraud Report: Vulnerabilities on the Rise*.

Para a publicação desse documento, são realizadas pesquisas com executivos de todo o mundo, pertencentes a uma grande variedade de setores econômicos e funções. O estudo que abrangeu os anos de 2015 e 2016 revelou que as fraudes continuam a aumentar: 75% das companhias entrevistadas reportaram terem sido vítimas de fraudes, o que representa um aumento de 14% em relação a três anos antes. Também houve aumento no número de perdas financeiras decorrentes de fraudes, que foram de 64% no período anteriormente pesquisado, para 69% na última pesquisa (Kroll, 2017). Há, ainda, outras estatísticas, representadas no Quadro 1.1, a seguir*:

Quadro 1.1 – Companhias afetadas por fraudes e suscetíveis de serem afetadas

Tipos de fraude	Porcentagem das companhias afetadas no ano em que a pesquisa foi realizada	Porcentagem das companhias que se sentem vulneráveis à ocorrência desses tipos de fraude
Apropriação de ativos físicos	22%	62%
Fraude de vendedores ou fornecedores	17%	49%
Furto de informações	15%	51%
Conflito de interesses	12%	36%
Desobediência às normas regulamentares ou de *compliance*	12%	40%
Corrupção	11%	40%
Fraude financeira interna	9%	43%
Apropriação indébita de fundos da empresa	7%	40%
Lavagem de dinheiro	4%	34%
Furto de IP	4%	37%

(continua)

* O quadro pode ser acessado na página 8 do *Global Fraud Report*, disponível no seguinte *link*: <http://anticorruzione.eu/wp-content/uploads/2015/09/Kroll_Global_Fraud_Report_2015low-copia.pdf>. Acesso em: 23 mar. 2018.

(Quadro 1.1 – conclusão)

Tipos de fraude	Porcentagem das companhias afetadas no ano em que a pesquisa foi realizada	Porcentagem das companhias que se sentem vulneráveis à ocorrência desses tipos de fraude
Cartel ou concorrência desleal	2%	26%

Fonte: Adaptado de Kroll, 2017, p. 8, tradução nossa.

A pesquisa revelou também que 80% dos executivos consultados acreditam que suas organizações se tornaram mais vulneráveis à fraude, especialmente no que concerne a furto de informações, que preocupa 51% dos entrevistados (Kroll, 2017).

Para além dos dados citados, chamamos atenção para outro aspecto revelado pela pesquisa: as principais ameaças de fraude ocorrem dentro das próprias empresas. Das companhias que foram fraudadas, e cujas irregularidades tiveram os respectivos autores descobertos, 81% sofreram nas mãos de um funcionário interno, número superior aos 72% da pesquisa anterior; 36% relataram ter sido vítimas de fraudes perpetradas por membros do alto ou intermediário escalão, ao passo que 45% foram vitimadas por empregados juniores e 23% das organizações relatam ter sido fraudadas por agentes intermediários (Kroll, 2017).

Apesar de o foco da mídia estar atualmente voltado para ciberameaças externas, os dados da pesquisa indicam que quase a metade (45%) dos que sofreram furto de informação foi vitimada por empregados, ao passo que representantes e fornecedores foram responsáveis por outros 29% (Kroll, 2017).

Tais dados nos permitem concluir que as fraudes corporativas não se restringem a uma predisposição pessoal ou a um ambiente corrupto. A grande maioria das fraudes, aliás, demonstra estar estruturada de outra forma: pessoas sob as quais não pairam quaisquer dúvidas acerca de sua idoneidade, trabalhando em empresas igualmente honestas, dirigidas por regras de governança corporativa, com líderes que também as aplicam.

Nesse sentido, em um relato presente trazido na obra *A mais pura verdade sobre a desonestidade* (Ariely, 2012), o autor cita uma experiência vivenciada por um de seus alunos. Este, após perder a chave do apartamento, recorreu a um chaveiro que, quando chegou, abriu a porta em um minuto. O aluno em questão ficou estupefato com a rapidez do profissional. Diante da reação de surpresa, o chaveiro transmitiu-lhe um ensinamento relacionado à forma como enxergava a honestidade das pessoas – lição que, inclusive, deveria ser do conhecimento de todos que se relacionam direta ou indiretamente com o mundo dos negócios (o que acaba abarcando quase a totalidade das pessoas). Para o chaveiro, 1% das pessoas sempre será honesta e nunca roubará, ao passo que 1% sempre será desonesta e tentará arrombar as fechaduras que encontrar. Os outros 98% corresponderão a pessoas honestas, desde que as condições lhes sejam favoráveis – ou seja, se forem suficientemente grandes as tentações, agirão de maneira desonesta. A fechadura, portanto, pode não oferecer proteção contra os ladrões, mas, sim, dos 98% que poderiam ser tentados a assaltar a casa, se não houvesse fechadura (Ariely, 2012).

Não se trata, felizmente ou não, de estigmatizar as pessoas que incorrem em atos fraudulentos e desonestos, tomando-as por diferentes das socialmente consideradas normais. Pelo contrário, trata-se de trilhar caminhos que forcem o indivíduo a manter a integridade e a ética. Esse é um exercício de constante humildade, pois diz respeito a nós mesmos e a todas as pessoas que conhecemos.

De tal sorte, podemos indagar: que instrumentos metodológicos poderíamos utilizar para tentar compreender o fenômeno da fraude e da desonestidade, sendo ele tão potencialmente (como indica a lição do chaveiro) e faticamente (conforme as pesquisas listadas) extenso? É o que pretendemos debater no próximo capítulo.

Síntese

Neste capítulo, fizemos uma visualização topográfica das principais questões referentes às fraudes nas organizações. Em um primeiro momento, distinguimos as fraudes de uma maneira geral do gênero que se constitui no objeto da presente obra: as fraudes corporativas. Na sequência, analisamos brevemente os principais fatores que podem dar espaço à sua ocorrência. Nesse sentido, discutimos, em primeiro lugar, o papel da sociedade na constituição dessas fraudes. Em seguida, abordamos o marco legal, ou seja, o conjunto de normas que regulam as diferentes atividades econômicas, sendo que cada uma delas constitui um fator que possibilita a ocorrência de fraudes corporativas. Depois, analisamos as organizações, ou seja, os espaços empresariais, que também representam aspectos que podem dar origem a fraudes, assim como os indivíduos isoladamente considerados. Por fim, demonstramos quais são efetivamente as fraudes corporativas mais corriqueiras, com base nos dados levantados por uma das mais importantes pesquisas sobre o tema: a *Global Fraud Report*.

Para saber mais

ENRON: os mais espertos da sala. Direção: Alex Gibney. EUA, 2005. 109 min. Documentário.

Esse documentário permite repensarmos os aspectos éticos e os limites das operações empresariais, bem como a relativa facilidade com que fraudes podem ser perpetradas nesse *locus*. A necessidade de políticas de transparência, de acesso à informação por parte de administradores, investidores e empregados, bem como os ônus da inexistência dessas políticas, são debatidos nesse importante filme. Além de retratar fraudes e manobras contábeis que redundaram no prejuízo de inúmeras pessoas, a obra mostra o conluio com as empresas de auditoria. É uma referência fundamental para melhor compreendermos a multiplicidade de fatores que levam à realização de uma grande fraude corporativa (no caso, o documentário revela que no rastro da Enron foram deixados mais de R$ 180 bilhões de prejuízo).

Questões para revisão

1) Como podemos explicar as fraudes?
2) Há pessoas predispostas para o cometimento de fraudes? Justifique a resposta.
3) Indique a seguir a alternativa que aponta a relação do marco legal com o cometimento de fraudes:
   a. As leis impossibilitam a ocorrência de fraudes.
   b. As leis são irrelevantes no cometimento de fraudes.
   c. Devemos burlar as normas legais para combater fraudadores.
   d. Os fins justificam os meios e, por isso, as fraudes devem ser combatidas; em tais situações, os direitos dos acusados devem ser relativizados.
   e. A obediência às normas é elemento fundamental no combate às fraudes e, por isso, a punição de fraudadores também deve estar legalmente pautada.
4) Sobre a relação entre o setor econômico e o cometimento de fraudes, é correto afirmar:
   a. A cultura da fraude, a pressão competitiva e o nível de heterogeneidade podem coibir o cometimento de fraudes.
   b. A sensação de impunidade diante de atos ilícitos que ocorrem no respectivo setor econômico, a contaminação do setor

por práticas fraudulentas e um marco regulatório vulnerável coíbem o cometimento de fraudes.

c. Não há relação entre os fatores culturais e os marcos regulatórios no que diz respeito à ocorrência das fraudes.

d. A maturidade de um mercado, nos quais há baixíssimos níveis de sonegação e de corrupção de fiscais, por exemplo, é irrelevante para o cometimento de fraudes.

e. É possível afirmar que existem setores econômicos criminógenos – ou seja, que favorecem a instalação de crimes e fraudes.

5) Para Parodi (2008), não é um fator que propicia a ocorrência de fraudes:
a. Ganância e vontade de fazer dinheiro fácil.
b. Apreço pelo ilegal e proibido.
c. Irracionalidade e tendência a negar as evidências para perseguir um sonho.
d. Ingenuidade, credulidade e escassa atenção.
e. Estereótipo do fraudador.

Questão para reflexão

1) Reflita sobre as fraudes e os fatores que determinam a sua ocorrência. Como podemos estabelecer uma relação entre tais fatores e a prática fraudulenta propriamente dita em um ambiente corporativo?

II

Modelos de análise das fraudes*

Conteúdos do capítulo:

- » Paradigmas de análise das fraudes.
- » A contribuição da economia racional.
- » O viés da economia comportamental.
- » Distância psicológica em relação à fraude.
- » O conflito de interesses e fraude.
- » A influência do cansaço.
- » Como se enganar e acreditar ser absolutamente honesto.
- » A força simbólica da degradação da autoimagem.
- » Vários métodos para a compreensão e a detecção das fraudes.

Após o estudo deste capítulo, você será capaz de:

1. compreender a existência de diferentes modelos de análise das fraudes em geral e das fraudes corporativas em especial;

---

* Trechos deste capítulo foram elaborados com base em Ariely (2012).

2. estabelecer as distinções e as diferentes aplicabilidades para a compreensão das fraudes, dos modelos da economia racional e da economia comportamental;
3. discutir os principais fatores para a ocorrência de fraudes segundo o paradigma da economia comportamental, tais como: distância psicológica em relação à ação; conflito de interesses; influência de estados corporais e mentais como o cansaço; poder do autoengano; a força simbólica da degradação da autoimagem;
4. refletir sobre a necessidade de uma pluralidade metodológica para a compreensão e a detecção das fraudes.

2.1 O modelo da economia racional

A grande discussão que vem à tona quando iniciamos um debate sobre as origens e as causas das fraudes negociais diz respeito à sua amplitude. Qual seria a capacidade humana para a desonestidade e a honestidade? A desonestidade seria restrita a poucas maçãs podres ou se constituiria em um fenômeno bem mais amplo? Em outras palavras: as fraudes estão restritas a pessoas que têm predisposição ou que estão imersas em ambientes corruptos, ou todas as pessoas podem eventualmente se envolver em fraudes?

Essas diferentes perspectivas nos remetem a distintas respostas para o fenômeno. É que se o problema fosse restrito a apenas algumas pessoas ou a alguns ambientes antiéticos, poderíamos facilmente debelá-lo, simplesmente dispensando as pessoas desonestas e contratando sujeitos honestos em substituição. Também poderíamos lançar mão do direito penal, por exemplo, pois, da mesma forma, se o universo de desonestos é reduzido, basta encontrá-los e retirá-los do convívio social para termos uma sociedade pretensamente perfeita.

Porém, se a desonestidade é um fenômeno mais amplo, temos que debater todos os mecanismos até hoje utilizados para a sua identificação, para que possamos melhor entendê-la e conceber alternativas efetivas de contenção e controle desse aspecto da nossa natureza.

Para adentraRmos essa discussão, analisamos neste capítulo os dois modelos de compreensão dessa temática, para avaliarmos que tipos de fraudes cada um deles abarca e, assim, utilizarmos as melhores chaves para a compreensão do fenômeno que pretendemos debater.

O primeiro modelo de análise, que parte de premissas segundo as quais a desonestidade é um fenômeno restrito a poucas pessoas desviantes de um comportamento normal e que se constitui na principal forma de explicação das fraudes nos livros especializados, constitui-se na **economia racional**, como nos explica Dan Ariely (2012).

A economia racional se refere à deliberação intrapessoal da relação entre o "custo" e o "benefício" de um determinado comportamento. Em outras palavras: a honestidade, a desonestidade e o cometimento de fraude por uma pessoa são comportamentos atrelados a um raciocínio analítico, segundo o qual o ato ilícito pode ser realizado se trouxer um benefício que suplante o risco que se corre em sua realização. Assim, antes de se relacionar aos contornos éticos ou morais ao furto de determinado objeto, essa conduta está atrelada a dois vértices: o ganho que determinado furto trará para seu autor e a probabilidade de ser surpreendido no momento, ou logo depois, da execução da ação.

As críticas que poderiam ser dirigidas a esse tipo de raciocínio podem ser sintetizadas em duas linhas de argumentação. A primeira delas diz respeito à absoluta superação do discurso criminológico, conforme o qual há pessoas más convivendo com as boas, sendo que os crimes são praticados pelas primeiras. Tal raciocínio, já superado, refere-se a ideologias de acordo com as quais há pessoas que nascem más, ao passo que a maioria, os bons, jamais recairia em erros e ilicitude. A criminologia crítica, corrente que problematiza essa postura, denuncia:

» o caráter preconceituoso e estereotipado de tal abordagem, típico daqueles que entendem que os crimes são praticados por pobres, negros e pouco escolarizados – "desajustados" de uma forma geral – ou, ainda, por aqueles que têm predisposição para tanto;

» o fato de que todas as pessoas (inclusive as que pertencem às classes mais privilegiadas) praticam crimes o tempo todo;

» que o fator que melhor explica a maciça presença em nossas penitenciárias de pobres, negros e pouco escolarizados diz menos respeito aos crimes por eles praticados, e mais à seletividade do sistema penal – ou seja, sobre eles é realizada uma intensa e constante vigilância e ação, ao passo que são raras as investigações que recaem sobre pessoas de outras classes (Baratta, 2002).

Trazendo tal linha de argumentação para o raciocínio que pretendemos desenvolver, podemos inferir que as fraudes corporativas não são atos exclusivos de pessoas más ou inseridas em ambientes antiéticos, assim como os crimes não são atos típicos dos excluídos, mas sim praticados por todas as pessoas, por exemplo: ingerir bebida alcoólica e dirigir; atentar contra a honra alheia via Facebook; deixar de emitir nota fiscal para os serviços prestados; xingar ou atacar fisicamente outra pessoa, entre outros crimes diários.

E sendo correto o raciocínio de que o que diferencia as pessoas não é a realização de fraudes (ou de crimes) por algumas delas, mas a forma como incidem os mecanismos de fiscalização sobre alguns em detrimento de outros – a citada seletividade –, não seria totalmente equivocado afirmarmos que as fraudes corporativas podem ser praticadas por qualquer pessoa. Ter essa noção é um pressuposto metodológico fundamental para avaliarmos apropriadamente a temática proposta.

A segunda crítica que pode ser utilizada para contestar a economia racional argumenta que, se as fraudes fossem somente uma relação de custo *versus* benefício, bastaria aumentar a vigilância nos lugares sob risco, ao que poderíamos ainda acrescentar que bastaria aumentar as penas dos crimes. Sim, pois se as penas fossem tão altas a ponto de levar a relação custo-benefício a pender para o comportamento ético e honesto, debelaríamos a desonestidade da face do globo terrestre. Contudo, a aplicação prática da referida metodologia não tem confirmado a hipótese teórica em análise. Há contraexemplos que desmentem as duas teses: maior vigilância e maior punição não foram capazes de trazer mais honestidade aos contextos em que foram aplicados.

É o que verificamos, em primeiro lugar, em um experimento levado a cabo por uma equipe liderada por Ariely. Essa experiência consistia em uma pesquisadora com deficiência visual executar duas tarefas: comprar tomates e pegar um táxi; no entanto, essas atividades deveriam ser postas em prática em lugares onde, respectivamente, comerciantes e taxistas eram frequentemente considerados desonestos: o mercado do centro da cidade de Beer Sheva, ao sul de Israel; e o aeroporto de McCarran, em Las Vegas. Levando-se em conta as regras que estabelecemos, segundo as quais os golpes estão atrelados ao cálculo da relação entre custo e benefício ou, ainda, ao raciocínio de disponibilidade de vítimas adequadas e vulneráveis, o que seria de se esperar? Ora, evidentemente, que a pesquisadora cega recebesse os piores tomates e pagasse taxas mais caras do que as usuais para a corrida do aeroporto até o centro de Las Vegas. Mas o experimento da equipe do professor Ariely relevou o contrário: a pesquisadora recebeu os melhores tomates e, ainda, pagou tarifas mais econômicas, em comparação a uma colega dela que não ostentava qualquer problema de visão na realização do experimento. Portanto, a falta de vigilância não redundou no aumento da fraude e da desonestidade.

Poderíamos aludir a exemplos em sentido oposto mas que nos levariam a uma conclusão semelhante. Como podemos observar, a ausência de vigilância não aumenta necessariamente os níveis de desonestidade. Tampouco o excesso de punição contribui para diminuir os níveis de fraudes e desonestidades, o que nos leva a duas conclusões.

Em primeiro lugar, punições mais severas para os infratores não têm diminuído as fraudes internas das empresas. Em segundo lugar, podemos mencionar que, com a promulgação da Lei 8.072, de 25 de julho de 1990, que versa sobre crimes hediondos no Brasil, as penas aumentaram; e os índices de encarceramento desde então, só cresceram. Se analisarmos o lapso temporal de apenas 24 anos, entre 1990 e 2014, a população prisional brasileira cresceu 575%, como pode ser visto no Gráfico 2.1, a seguir.

Gráfico 2.1 – Aumento da população prisional no Brasil

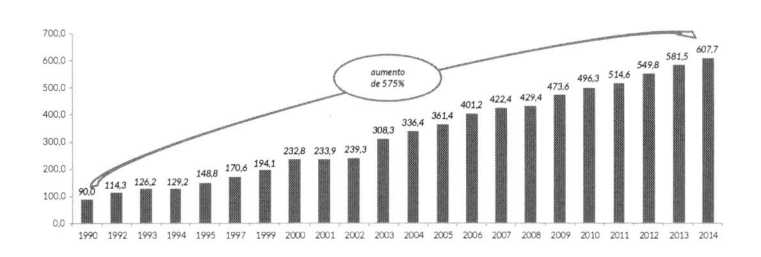

Fonte: Brasil, 2014a, p. 15.

Não podemos chegar a outra conclusão a não ser a de que as premissas da linha de raciocínio entabulada pelo modelo da economia racional para explicar o fenômeno das fraudes e da desonestidade padecem de demonstrações empíricas. Por isso, outras matrizes devem ser analisadas, tais como o modelo da economia comportamental, analisado na seção a seguir.

2.2 O modelo da economia comportamental

Para além da análise das fraudes e desonestidades com base na economia racional, pesquisas mais recentes apontam para o paradigma da economia comportamental.

Como nos explica Webb (2016), economistas construíram modelos teóricos pressupondo que o ser humano sempre avalia de forma precisa e autônoma os benefícios de cada opção apresentada. Contudo, não conseguem explicar grande parte do nosso comportamento: decisões com pouca informação, generosidade sem expectativa de retribuição, influência de pensamento alheio, entre tantos outros (Webb, 2016). Nesse sentido, tem-se desenvolvido um novo olhar sobre o fenômeno do comportamento dos seres humanos, o qual leva em consideração o lado mais humano, menos preciso e menos controlado das ações, cujas diferentes matizes podem ser enfeixadas sob o epíteto da economia comportamental.

Tendo como seus principais expoentes o vencedor do Nobel de Economia Daniel Kahneman (da Universidade de Princeton) e Amos Tversky (da Universidade de Stanford) – que faleceu antes de receber o prêmio com Kahneman –, o modelo da economia comportamental parte da premissa de que os seres humanos são irracionais ou, no mínimo, não são tão racionais como julgam ser. De tal sorte, a aplicação da economia racional poderia gerar consequências desastrosas. Assim, o objetivo da economia comportamental é compreender a fragilidade humana e descobrir maneiras mais realistas e eficazes de evitar tentações, incentivar o autocontrole e reforçar a visão dos objetivos de longo prazo.

As premissas dos autores que partem dessa linha de raciocínio indicam que uma melhor compreensão das múltiplas forças irracionais que nos influenciam pode representar uma metodologia apropriada para se tomar decisões mais adequadas (Ariely, 2012). Assim como precisamos estar atentos aos deslizes metodológicos em uma pesquisa histórica, para evitar equívocos que nos façam analisar o passado com os olhos do presente (Bloch, 2001), a mesma lógica se aplica à análise dos comportamentos humanos: precisamos estar cientes dos deslizes éticos e de probidade, para evitar comportamentos fraudulentos e desonestos, mesmo que inconscientes. Em síntese: não sendo a desonestidade um mero resultado da consideração entre custos e benefícios, quanto mais conscientes estivermos de todas as veredas e descaminhos que poderiam nos levar até ela, mais armas teremos para evitá-la. Pois, afinal de contas, como tem sido exaustivamente reforçado, toda e qualquer pessoa está sujeita a protagonizar uma fraude.

Ao invés das tradicionais explicações da economia racional, Ariely parte da tese de que nosso comportamento é conduzido por duas motivações opostas. A de que queremos nos ver como pessoas honestas e honradas – uma motivação do ego – e a de que queremos, sim, tirar benefício da trapaça. Nossa flexibilidade cognitiva pode ser definida como fantástica: desde que trapaceemos somente um pouco, podemos nos beneficiar e ainda assim nos vermos como seres humanos maravilhosos – "A moralidade, como a arte, significa desenhar uma linha em algum lugar" (Wilde, citado por Ariely, 2012, p. 24).

O mesmo autor se utiliza de pesquisas empíricas para demonstrar a viabilidade de sua tese. Por exemplo: ao discutir o tema no seio de uma grande companhia de seguro, Ariely constatou que são raras as pessoas que trapaceiam flagrantemente, ao passo que muitas exageram as perdas em algo aceitável para seus próprios espelhos: de 10% a 15% do valor efetivamente perdido.

Reconhecendo que as fraudes e a desonestidade, antes de serem motivadas pela economia racional, são catalisadas em grande parte por uma margem de manobra da pessoa, Ariely propõe que é preciso mudar a racionalização dos comportamentos para que tomemos consciência de que as fraudes são muito mais frequentes do que imaginamos. Apesar de essa informação causar repulsa numa primeira visualização sobre o tema, é muito difícil imaginarmos alguém que não tenha lançado mão de alguma estratégia fraudulenta para alcançar algum objetivo em sua vida, ainda que se veja como o mais impoluto dos mortais. Ou seja, pela racionalização – que pode ser definida como a série de mecanismos que nos possibilitam vislumbrar as hipóteses em que, mesmo inconscientemente, estaríamos propensos a fraudes –, evitaríamos as armadilhas de um ego que quer se ver honesto ao mesmo tempo que admite pequenos reajustes das condições que lhe favorecem.

Como reforçado, é estranho admitir que somos autores em potencial de atos fraudulentos. Mas como afirma Eduardo Giannetti da Fonseca (2005, p. 82), "assim como o homem primitivo viveu num mundo de sonho em relação aos fenômenos da natureza, também nós ainda vivemos num mundo de sonho em relação a nós mesmos e pouco ou nada sabemos sobre as causas verdadeiras de nossas ações na vida prática". Nesse sentido, nos itens a seguir, analisamos uma série de mecanismos de racionalização, bem como a forma pela qual as fraudes se manifestam, através dos fatores psicológicos e ambientais das fraudes segundo o modelo da economia comportamental.

2.2.1 Distância psicológica em relação à ação

Não é totalmente equivocado afirmarmos que as pequenas desonestidades ou as grandes fraudes são diretamente influenciadas pela distância psicológica em relação à ação: trapacear torna-se muito mais simples quando há mais estágios entre o fraudador e o ato desonesto. Quanto mais anteparos, que servem de escudos psicológicos, houver entre o ato desonesto e o comportamento fraudulento, mais fácil será a realização de uma fraude.

Um exemplo explícito disso consiste na maior disponibilidade dos seres humanos a fraudar algo que não se refira explicitamente a valores monetários. Pequenas trapaças, jogos de influência, troca de favores imorais, desde que não se refiram diretamente a dinheiro, são, de maneira geral, mais palatáveis para as pessoas. Um experimento bem prosaico pode ilustrar essa questão: Ariely, certa vez, distribuiu seis refrigerantes em algumas geladeiras localizadas em um *campus* de uma universidade norte-americana, e em outras colocou um prato em que havia seis notas de um dólar. O resultado desse experimento relevou que, em 72 horas, todos os refrigerantes haviam desaparecido, ao passo que as notas de dólar restaram incólumes.

Indague a si mesmo: você tomaria para si o dinheiro se o visse à disposição em um lugar de fácil acesso e sem vigilância? Muito provavelmente, não. Mas continue se questionando: você pegaria um dos refrigerantes – ou uma cerveja ou qualquer coisa que lhe apeteça – nesse mesmo lugar descrito anteriormente? A sua resposta ainda é negativa? Então, acrescentemos alguns ingredientes a essa experiência teórica: imagine-se com sede, sem dinheiro e longe o suficiente para adquirir uma bebida que lhe mate a sede. Talvez você pudesse pegar o refrigerante e, assim que possível, colocar outro igual em reposição (como se fosse um empréstimo). Você ainda acha que não pegaria um dos refrigerantes? Talvez pegasse, não é mesmo? E quanto ao dinheiro? Você o tomaria para si somente porque essas condições foram estabelecidas? Não, não é mesmo?

Não são raros os casos de fraudes empresariais em que uma pessoa que passa por apuro financeiro momentâneo, ciente da falta de fiscalização e da facilidade para ter acesso a recursos da empresa, apropria-se de valores monetários, na sincera esperança de que, posteriormente, irá devolvê-los. Sob a mesma ótica, dificilmente uma empresa de consultoria empresarial furtaria um documento valioso de um cliente sendo auditado ou atendido, mas não seria raro – convenhamos – que o número de horas trabalhadas fosse inflacionado, argumentando-se, por exemplo, que os honorários foram mal estipulados, que outra equipe de consultoria foi ativada, que o cliente é insistente e não permite dar continuidade aos demais projetos que devem ser trabalhados, entre diversas outras contingências.

Nesse sentido, podemos destacar o problema que se origina dessa constatação geral: um distanciamento cada vez maior dos sujeitos em relação ao dinheiro em espécie. A essa constatação, podemos acrescentar o fato de que a maior parte dos exemplos de corrupção não dizem respeito a valores em dinheiro, mas a gentilezas, influências, interpretações mais favoráveis, aceleração de trabalho, retardamento de outros, troca de favores... atos que se dificilmente resistiriam a uma análise legal e que indubitavelmente podem ser definidos como imorais e fraudulentos, sem, necessariamente, envolver valores financeiros.

2.2.2 O conflito de interesses

Um segundo aspecto que deve ser debatido para considerarmos as ocorrências de fraude diz respeito ao conflito de interesses. Como sustenta Ariely, pessoas bem-intencionadas podem tropeçar nos caminhos da mente humana, cometer erros flagrantes e, ainda assim, continuarem se considerando boas e morais. Um exemplo de erro dessa espécie constitui exatamente nas ações realizadas sob a influência do conflito de interesses.

Geralmente, tais interesses próprios, de forma consciente ou não, acabam interferindo no julgamento profissional. Os sujeitos fraudadores são levados a fazer recomendações e a tomar decisões que lhes serão favoráveis, em detrimento dos interesses do cliente, que passam a ser secundários.

Nesse sentido, podemos citar vários exemplos, como a indicação de tratamentos médicos ou dentários sem uma necessidade específica, mas apenas porque o médico ou dentista adquiriu um novo aparelho. Outra série de exemplos que gravita em torno dos mesmos paradigmas diz respeito ao que se denomina "custo oculto dos favores" (Ariely, 2012, p. 63). Sob essa ótica, a sociabilidade inerente aos seres humanos nos leva a sentir necessidade de retribuição, quando alguém nos oferece ajuda de alguma forma ou nos presenteia. Essa espécie de dívida pode influenciar nossa visão e nos inclinar a, no futuro, prestar algum auxílio à pessoa que antes nos ajudou.

Nessa linha de raciocínio, como podemos avaliar a independência de um médico, perante a indústria farmacêutica, que leva sua equipe para jantar, dá palestras para outros médicos e, ainda por cima, realiza doações para suas pesquisas? E o que podemos falar de profissões como as de empreiteiros, advogados e mecânicos de automóveis, que fazem recomendações e se beneficiam dos serviços prestados, tirando vantagem do desconhecimento do cliente em relação a essas atividades?

Para encerrarmos esse tópico, poderíamos ainda citar os profissionais de finanças que recebem bônus quando os clientes ganham, mas que não perdem nada quando os clientes perdem seu patrimônio. Nesse sentido, é possível questionar o nível de independência desses profissionais para considerarem os melhores caminhos financeiros para seus clientes.

Em síntese, inúmeras decisões são tomadas por pessoas que não estão suficientemente apartadas da situação, pois podem lucrar ou perder em função de tais resoluções. Nesse sentido, se não houvesse um custo econômico considerável, seria melhor que uma pessoa que precisa de um serviço contratasse sempre dois profissionais:

um exclusivamente para diagnosticar, e outro para efetivar a recomendação do colega.

Essa precaução poderia funcionar para médicos, advogados, dentistas, mecânicos de carros, profissionais de finanças, entre tantos outros. Obviamente, isso poderia acarretar outro problema: um embate entre os referidos profissionais acerca das melhores e mais adequadas decisões técnicas para o cliente. De todo modo, esse debate poderia levar o cliente a se precaver de decisões maculadas sob o conflito de interesses, pois, como sustenta Fonseca (2005), somos ótimos juízes do alheio, com noção adequada de certo e errado e compromisso inabalável na defesa do bem e no combate sem tréguas do mal, mas péssimos juízes da nossa própria moral, visto que a proximidade no interesse interfere de forma poderosa no funcionamento de nossas faculdades morais.

2.2.3 A influência de estados corporais e mentais como o cansaço

Outro aspecto a ser considerado no âmbito dos fatores psicológicos e ambientais das fraudes diz respeito ao cansaço e ao esgotamento daquele que realiza uma determinada tarefa. Pesquisas têm indicado que quanto maior forem o desgaste e a fadiga no momento da realização de uma tarefa, maior será a probabilidade de fraudar a sua execução.

Como nos explica Caroline Webb, a todo momento estamos tomando pequenas decisões, o que exige muita energia do cérebro. Dessa forma, quanto mais se exige, menor é a capacidade cognitiva para avaliar as alternativas e fazer escolhas corretas – a chamada *fadiga de decisão* (Webb, 2016).

Para exemplificar, invocamos as pesquisas de Shai Danziger sobre o padrão de julgamento dos juízes em Tel Aviv, capital de Israel. Tais pesquisas revelaram que logo após um tempo de descanso, aumentava em 65% a chance de ser concedido o pedido do acusado ou condenado. O período logo após o almoço concentrou maiores taxas de sucesso nos pedidos da defesa. Essas taxas iam diminuindo à medida que o tempo passava e o cansaço tomava conta dos magistrados (Webb, 2016).

Outro exemplo, mencionado por Webb (2016), é facilmente reconhecido em nosso próprio comportamento ou no de familiares e amigos próximos: as piores decisões de compra ocorrem quando estamos cansados, sejam elas em um *shopping center* ou em uma concessionária de carros. No mesmo sentido, e abordando os exemplos que atingem a discussão travada na presente obra, o cansaço e o esgotamento se refletem também no fato de que as pessoas ficam menos propensas a tomar decisões éticas ou a obedecer a normas de segurança.

Conforme temos discutido, e como podemos também verificar nessa linha de raciocínio, as fraudes e os atos desonestos dizem menos respeito a algumas maçãs podres que devem ser extirpadas do nosso convívio, e mais a um fenômeno amplo e explicável somente a partir de inúmeras e diferentes matrizes.

No que diz respeito ao cansaço e à fadiga, quando nos encontramos em tal estado, o sistema deliberado do cérebro, responsável pelo raciocínio mais detido e pelas ideias mais complexas, não dá conta de forma apropriada de suas atribuições, acarretando menos autocontrole, menor capacidade de concentração e menor eficiência no planejamento. Quando isso acontece, o sistema automático do cérebro, responsável pelas pequenas decisões diárias, sobre as quais não raciocinamos longamente, assume o comando e escolhe o caminho mais fácil: solução rápida, opção padrão, resposta em branco ou preto, e assim por diante (Webb, 2016).

Nesse sentido, não é difícil compreender por que ultrapassamos as normas, cruzamos fronteiras éticas e avançamos – por vezes, literalmente – o sinal vermelho quando estamos cansados. A obediência às normas, em muitas e variadas atividades, é algo cansativo, que exige a observância de sistemas, regras e procedimentos. Portanto, demanda um raciocínio que pode ser (e acaba sendo) poupado se atalhos forem tomados. Assim, por esse ângulo de análise, podemos perceber que a distinção entre os homens bons e sérios e aqueles que cometem pequenos – ou eventualmente grandes – atos fraudulentos reside em circunstâncias que muitas vezes poderiam passar despercebidas, como o cansaço.

Ariely também nos traz vários exemplos dessa linha de análise. Como discordar de sua observação de que em dias estressantes muitos de nós cedemos à tentação e escolhemos alternativas menos saudáveis de alimentação? As explicações do pesquisador para esse fenômeno vão ao encontro do que expusemos anteriormente: as pessoas caem em tentação com mais frequência quando a parte do cérebro encarregada pelo pensamento deliberativo está ocupada de outro modo.

Para ilustrar, o autor faz alusão a um dos seus inúmeros experimentos: após submeter alguns candidatos a vários exercícios matemáticos, Ariely proporcionou-lhes a chance de escolher um alimento a partir de dois carrinhos: um com bolo, e outro com frutas. A constatação do experimento foi a seguinte: quanto mais complexos eram os exercícios que os candidatos precisavam resolver, maior era a tendência de optarem pelo carrinho com bolo em vez da alternativa mais saudável – as frutas. De fato, o grupo com maiores números – consequentemente, que desenvolveu raciocínios matemáticos mais complexos – escolheu majoritariamente o carrinho com bolo.

Tal experimento nos permite concluir que somos regidos por um mecanismo que evita as tentações, mas que tem capacidade limitada. Ariely menciona que cada uma das decisões que tomamos para evitar a tentação exige algum grau de esforço, e exaurimos nossa força de vontade utilizando-a seguidas vezes.

2.2.4 O poder do autoengano

Compreender as múltiplas forças irracionais que nos influenciam pode ser uma metodologia apropriada para nos auxiliar a tomar decisões mais adequadas, mais honestas e mais probas. Dentre os inúmeros fatores que podem ser abordados nessa empreitada, e sem a pretensão de esgotá-los, mencionamos o fenômeno do autoengano: quando a mente de uma pessoa consegue manipulá-la e fazê-la se iludir. Basicamente, parte-se da seguinte premissa: além do fato de que ninguém consegue viver por muito tempo com uma imagem eticamente reprovável de si mesmo (Fonseca, 2005), passamos a lançar mão de um sem-número de estratégias para justificar nossos pensamentos, sentimentos e, principalmente, nossos atos.

Ao contrário da tradicional ideia – normalmente legada pelos nossos pais – segundo a qual o aspecto positivo de ser íntegro e ético é o fato de que podemos colocar a cabeça no travesseiro e dormir tranquilamente, não é totalmente equivocado sustentarmos que as pessoas que cometem os mais atrozes e reprováveis atos desenvolvem mecanismos intrapsíquicos justificadores de seus atos. Em suma: os desonestos não só dormem bem; eles também se acham eticamente superiores à absoluta maioria das pessoas porque as eventuais condutas desonestas que praticam têm razão de ser. Em outras palavras, eles justificam suas ações com base em explicações como: *todo mundo age assim*; *precisávamos manter a empresa aberta*; *inúmeros empregos dependem de mim*; *era uma situação excepcional e, por isso, estávamos autorizados a não cumprir as regras dessa vez*; *quem não sonega não consegue sobreviver*; *não pago impostos para esse governo corrupto*; *obedecer às regras é ser otário*; *tenho que sustentar minha família* etc.

A criatividade é praticamente inesgotável para imaginarmos desculpas que justifiquem a realização de atos reprováveis e, muitas vezes, fraudulentos. Nas palavras de Ariely (2012, p. 144):

"Nem sempre podemos saber exatamente por que fazemos o que fazemos, escolhemos o que escolhemos ou sentimos o que sentimos. Porém, a obscuridade de nossas motivações reais não nos impede de criar razões que pareçam perfeitamente lógicas para nossas ações, decisões e sentimentos". Inúmeros fatores podem ser elencados para explicar por que essa postura muitas vezes é adotada. Como nos explica Fonseca, o julgamento que fazemos de nós mesmos é volúvel: a percepção interna de nossos processos mentais só ocorre através desses próprios processos. Por isso, não há uma visão objetiva. De tal sorte, "a observação de si interage e funde-se rudemente com o observado" (Fonseca, 2005, p. 91), levando os julgamentos a se afastarem da objetividade e a se aproximarem de estados subjetivos que melhor se apliquem aos nossos interesses, desejos e vontades, ou à autoimagem que fazemos de nós mesmos. Sob essa ótica, não é que somos desonestos ou fraudadores; nessa situação específica, somos compelidos a excepcionar as regras aplicáveis.

Assim, os estados mentais do observador interferem no ato cognitivo (Fonseca, 2005). O que importa é o nosso julgamento, não o dos outros – estes só serão relevantes se estiverem sustentados pela opinião que temos de nós mesmos. Não basta parecer bom perante os outros; o decisivo é sentir-se e acreditar-se bom. Segundo Fonseca (2005), o fulcro do autoengano não é parecer o que não é, mas sim a capacidade de acreditar sinceramente que somos o que não somos.

As digressões sobre o tema não param por aí. Situações absurda e inexplicavelmente desumanas não parecem assim aos olhos daqueles que as viveram e as justificaram para si próprios. "A pergunta desagradável é: quantos de nós teríamos sido os 'outros', os inexplicavelmente desumanos, omissos e cruéis?" (Fonseca, 2005, p. 104).

No mesmo sentido, o autor afirma, o todo é inconcebível sem as partes, e o autoengano coletivo (nazismo, inquisição, comunismo soviético) "é a síntese de uma miríade de autoenganos individuais sincronizados entre si" (Fonseca, 2005, p. 50).

Nossos sentimentos e nossa autoimagem têm a propriedade de se ajustar às circunstâncias que nos cercam. Como afirma Fonseca (2005, p. 105): "É doce se imaginar firme, generoso e solidário no abstrato". Quantas vezes não nos flagramos planejando os mais altruístas e beneméritos planos que serão implementados quando tivermos tempo ou condições financeiras, sendo que com um pouco de sacrifício agora outros tantos poderiam ser implementados no presente e não o são?

O aspecto fundamental do autoengano é que ele não pode ser planejado: como um sedutor sutil e insinuante, ele sabe que a melhor forma de persuadir consiste em não persuadir. A mentira que contamos para nós mesmos não mente; ela seduz. Nas palavras de Fonseca (2005, p. 113): "Ela se reveste do semblante da verdade para melhor mentir".

Esse ato de mentir para nós mesmos se esgueira pelas frestas da nossa parcialidade e monta o seu castelo com pedras talhadas nessas visões fragmentadas e seletivas que fazemos de todos os fenômenos, entre os quais estão a relação com nós mesmos, com todos que nos rodeiam e com valores fundamentais como ética, moral e probidade. Como explica Fonseca (2005), um dos mecanismos mais eficazes para isso é a seletividade espontânea da atenção e da memória. Inúmeras experiências levadas a cabo sobre o tema revelam que nos lembramos, com a maior naturalidade e boa-fé, dos argumentos favoráveis a nossas teses e dos absurdos que a ela se opõem.

De fato, a honestidade e a boa-fé da cegueira são a senha do autoengano e sua condição essencial de eficácia: "A certeza íntima e inabalável de que a verdade foi encontrada e está do nosso lado faz milagres" (Fonseca, 2005, p. 140). Nesse ponto, recorremos a uma pesquisa envolvendo motoristas, realizada em 2009, em Porto

Alegre, pela Empresa Pública de Transporte e Circulação (EPTC), e divulgada pelo jornal *Zero Hora*.

A pesquisa, que ouviu 1.012 pessoas na capital gaúcha, revelou que 57% dos motoristas se disseram pacientes, e 18,3% mencionaram ser muito pacientes. Na outra mão, ao qualificarem o comportamento alheio, os resultados se inverteram: 24,2% dos motoristas foram definidos como muito impacientes, e 45% como impacientes. Como relata a reportagem: "Como num espelho distorcido, a maioria dos porto-alegrenses reconhece problemas no trânsito, identifica culpados, propõe soluções, mas é incapaz de reconhecer sua responsabilidade" (Etchichury, 2009).

Para os fins da presente obra, é interessante trazermos à tona a interpretação do então presidente da EPTC, Luiz Afonso Senna, também relatada na reportagem: "eu sou um bom cidadão, um bom motorista, respeitador das normas de segurança. A culpa para o trânsito ser ruim é dos outros" (Etchichury, 2009).

A pergunta que calha ser feita: Esses motoristas estão mentindo? Muito provavelmente, sim, mas não para eles mesmos. Eles creem efetivamente que são bons cidadãos e bons motoristas. A chave do autoengano nos explica por que todas as pessoas se acham coerentes e justas. Ou você, leitor, não se acha coerente e justo, por exemplo, na educação dos seus filhos? Quem melhor do que você para sopesar o intrincado equilíbrio entre dar carinho e se fazer obedecer? Ariely sintetiza essa discussão asseverando que buscamos explicações que justifiquem por que nos comportarmos de certas maneiras e que nos façam compreender de que forma funciona o mundo – mesmo que essas explicações pouco tenham a ver com a realidade. Nas palavras do autor: "Somos criaturas que contam histórias por natureza, e contamos para nós mesmos uma história após outra até gerarmos uma explicação de que gostemos e que pareça razoavelmente crível" (Ariely, 2012, p. 144-145).

Além da constatação de termos a tendência de sempre nos considerarmos pessoas probas e íntegras – ainda que isso seja estatisticamente muito pouco provável –, o autoengano também pode se manifestar em outras sensações, como o aborrecimento e a chateação. Nesse sentido, Ariely relata que quando as pessoas se chateiam, tendem a trapacear muito mais. Uma pesquisa realizada pelo autor abordou uma situação na qual alguns candidatos passaram por uma situação aborrecedora – no caso, um garçom que não os tratou de forma adequada, por meio de estratégias deliberadamente articuladas para aborrecer os clientes, como atrasar o atendimento e atender ao celular em vez de anotar o pedido. Esses aborrecimentos foram responsáveis pelo fato de somente 14% dos clientes devolverem o troco a mais que havia propositadamente lhes sido entregue.

Não é difícil pensar em outras tantas hipóteses por conta das quais, quando algo nos irrita, fica mais fácil justificar um comportamento imoral. Nessas hipóteses, as fraudes não são encaradas como comportamentos desonestos por aqueles que as praticam. Trata-se, na verdade, de compensações pelos dissabores que seus autores sofreram e não são vistas por sua subjetividade como o cometimento de algo errado, mas sim de algo justo.

Podemos até mesmo levar essa racionalização a um passo adiante, se imaginarmos que o golpista está convencido de que assim estará restaurando o carma e o equilíbrio do mundo. Ao fim e ao cabo, essa é "uma cruzada por justiça" (Ariely, 2012, p. 156). Não seria difícil imaginarmos várias hipóteses em que tal fenômeno poderia ocorrer, como no exemplo de um chefe autoritário e despótico, que compele seu empregado a promover pequenas vinganças dentro da empresa, como inflacionar um relatório de despesas de viagem ou a ser absolutamente negligente na realização de uma tarefa que para ele – o chefe – seria cara.

Contudo, e para além dos aspectos negativos elencados, devemos destacar o lado positivo do autoengano. É que o raciocínio não dá conta de tudo, e nossas impressões subjetivas colmatam as lacunas por ele deixadas. Como indaga Fonseca (2005), como se poderia calcular a proporção exata de talento, inteligência e força de vontade para fazer um projeto funcionar? Ninguém pode saber no momento da aposta se será vencedor: eis o ponto em que o autoengano nos move para frente.

Nesse sentido, e como caracterizador de nossa própria humanidade, não podemos discordar de quem afirma que o maior de todos os erros do ser humano é jamais errar. Condenar todos os que perderam uma aposta seria o mesmo que condenar Gauguin (que largou uma boa vida para ser pintor) a não apostar. A aposta vale por si, independentemente do resultado, assim como o dom de mentir para si mesmo pode ajudar a manter acesa a chama da vida num caso de doença grave – como nos campos de concentração, onde se saíam melhor os que tinham alguma crença. Em síntese: a alegria espontânea de viver e a atividade criativa dependem de uma disposição que a racionalidade, fonte da ética e do conhecimento objetivo, não sacia (Fonseca, 2005).

A complexidade do tema referente às razões que levam ao cometimento de fraudes nos remete ao intrincado mecanismo do qual defluem tanto o avanço social quanto as perfídias humanas: o autoengano. Se, por um lado, tal análise propicia a criatividade de nos engajarmos em projetos para os quais uma reflexão meramente racional nos faria dizer "não", por outro, cria uma imunidade psicológica para realizarmos condutas eticamente reprováveis e/ou fraudulentas. Se não podemos retirar a criatividade do caráter de um ser humano – exceto para os que sonham com sociedades tais como as retratadas por George Orwell, em *1984*, ou Aldous Huxley, em *Admirável mundo novo* –, chegamos à conclusão de que dificilmente conseguiremos impedir o cometimento de fraudes pelos seres humanos.

Por outras vias e com base em outros fundamentos, essa também é a ilação de Émile Durkheim em seu *As regras do método sociológico*, obra clássica da sociologia do século XIX. Nela, o autor afirma que o crime, antes de ser um fenômeno patológico, é normal em uma sociedade, sendo impossível dele se livrar. O sociólogo francês chega a sustentar que até mesmo em sociedades de santos, qualquer falha seria reprovável. Assim, o fenômeno criminoso só deixaria de existir com uniformidade total e absoluta de consciência. O autor vai além: a partir desse raciocínio, não seria equivocado afirmarmos que o crime, além de ser normal, é útil e necessário, visto que uma uniformidade absoluta impossibilitaria a própria evolução social (Durkheim, 2007).

Com isso, não queremos afirmar que as fraudes são necessárias para a evolução social e altamente recomendadas para países subdesenvolvidos como o Brasil. O que pretendemos concluir das análises realizadas é que as fraudes se constituem em fenômenos muito mais presentes do que poderíamos imaginar. Todos temos a tendência inata de as realizarmos, por conta das nossas arquiteturas psicológicas estruturadas com base na seletividade, na parcialidade e na imagem positiva de nós mesmos, bem como da tolerância para com nossos próprios erros.

2.2.5 A força simbólica da degradação de nossa autoimagem

A despeito do que pensamos, podemos sustentar que não temos uma noção muito clara de quem somos. Na verdade, a observação que fazemos de nós ocorre da mesma forma como enxergamos e julgamos as ações de outras pessoas – ou seja, inferimos quem somos e do que gostamos considerando nossas ações.

Com esse pano de fundo, Ariely propõe a seguinte discussão: será que o uso de produtos falsificados pode fazer com que os usuários construam uma autoimagem menos honrada, a ponto de se considerarem menos honestos, e de acharem que estão trilhando o caminho da desonestidade? Como nas ocasiões abordadas anteriormente, Ariely conduziu pesquisas empíricas para constatar se isso efetivamente poderia ocorrer, e tal hipótese se confirmou.

A discussão que propomos nesta seção diz respeito à força do simbolismo nas representações humanas e, consequentemente, em nossos padrões de ética e integridade. Um ambiente e uma autoimagem de integridade exercem sobre nossos atos uma força gravitacional, que também seria exercida no caso de um ambiente absolutamente desorganizado, refletindo em nossos espelhos, nesse caso, uma imagem de "esculhambação". O homem é um ser cultural e, sob essa ótica, define-se pelo ambiente no qual está inserido, o qual, por seu turno, imprime-lhe marcas indeléveis, que influenciam seus atos.

O raciocínio desenvolvido por Ariely é o de que, já tendo manchado o conceito que faz de si própria, a pessoa estaria autorizada a rebaixá-lo completamente. Quando se trata de trapacear, comportamo-nos da mesma maneira que nas dietas: assim que começamos a violar nossas próprias normas, ficamos muito mais propensos a abandonar novas tentativas de controlar nosso comportamento e, desse ponto em diante, há uma boa probabilidade de que venhamos a sucumbir à tentação de continuarmos a nos comportar mal.

Com esse ponto de vista, o professor Ariely sustenta que devemos prestar mais atenção aos casos iniciais de transgressão para que possamos pisar no freio antes que seja tarde demais. Mas não pretendemos, com essas digressões, conferir qualquer legitimidade às políticas de segurança pública estruturadas pela lógica dos programas de *"tolerância zero"*.

Wacquant (2001) explica que tais programas, em seu nascedouro, serviram de álibi para que Willian Bratton, então chefe da polícia municipal de Nova York, estabelecesse uma permanente perseguição aos pobres (especialmente drogados, prostitutas, mendigos, vagabundos e pichadores) nos espaços públicos (como ruas, parques, estações ferroviárias, ônibus e metrôs etc.), no intuito de restabelecer a qualidade de vida dos nova-iorquinos. Porém, em termos práticos, essa perseguição se voltou quase exclusivamente aos negros e pobres daquela cidade. Não se tratou de uma intolerância para com atos ilícitos, independentemente da classe ou do estrato social. Antes disso, corporificou-se como uma política de segurança pública preconceituosa, seletiva e antidemocrática.

Sustentamos que a incorporação das falsificações e das desonestidades nos hábitos de uma pessoa cria um substrato no qual ela reflete sua própria imagem. Além de passar a ver os outros como mais desonestos – o que é extremamente prejudicial para inúmeras interações necessárias à vida social, como a realização de negócios ou a estruturação de instituições –, o sujeito também se vê como mais desonesto, o que desperta nele um padrão moral mais flexível e implica uma maior tendência a trapacear em quaisquer situações. Por exemplo: explica-nos Ariely que a tolerância ou a falha no sancionamento de uma pessoa que falseia sua formação acadêmica gera maior probabilidade de ela também começar, na vida profissional, a trapacear nos relatórios de despesas, nas horas trabalhadas etc.

Esse caldo cultural de desonestidade pode ainda ser um fator que explica a perturbação do equilíbrio natural da honestidade quando estamos em estreita proximidade com alguém que esteja trapaceando. Nossa moralidade vai sendo desgastada, e, gradativamente, passamos a nos sentir comprometidos com a imoralidade. Nesse momento, faz-se necessário rememorar a questão da fadiga do sistema deliberativo do cérebro: quando estamos cansados, física ou mentalmente, é mais difícil termos controle sobre as decisões a serem tomadas e, por isso, é mais fácil incorrermos em atos e decisões que contrariam princípios éticos (Webb, 2016). O mesmo raciocínio pode ser utilizado para ambientes em que impera a lógica da desonestidade: o custo intelectual e físico de se manter uma postura íntegra diante de alguém próximo com comportamento desonesto pode ser tão alto que, em algum momento, podemos sucumbir à lógica desonesta dessa pessoa.

Ariely se refere a um experimento implementado para ilustrar essa discussão. O pesquisador dispôs, em um *campus* universitário, uma máquina automática de vendas programada para não cobrar, ainda que mostrasse o preço em seu *display*. Ninguém pegou mais do que três doces, comprovando a lógica geral de que os grandes atos fraudulentos são realizados por uma absoluta minoria. A maioria de nós se contenta com pequenas fraudes, com o que temos êxito na cotidiana tarefa de manter intacta nossa autoimagem de honestidade, como já debatido anteriormente.

Mas esse não é o ponto para o qual desejamos chamar atenção. O aspecto que deve ser mais bem esmiuçado é o de que os estudantes, ao se depararem com a máquina que nada cobrava, convidavam amigos para também se aproveitarem da situação. Não seria essa uma prova de que, muitas vezes, sentimo-nos mais confortáveis quando nossas ações se alinham com as dos demais?

Para ilustrar o tema com outros exemplos, o autor recorre a um caso de corrupção ocorrido no congresso dos Estados Unidos, que teve início com ma má utilização de um determinado fundo por parte de alguns congressistas. Pouco a pouco, este passou a ser o comportamento usual: todos os parlamentares que tinham acesso ao referido fundo passaram a utilizá-lo indevidamente.

Talvez não seja inapropriado fazermos uma referência ao amplo conjunto de investigações, que ocorrem no Brasil, sobre financiamento de campanha (legal ou ilegal) por grupos econômicos que posteriormente são beneficiados em vultosas obras públicas. A amplitude do espectro de tal prática nos permite concluir que, muito provavelmente, tal estratagema faz parte de uma espécie de regra do jogo eleitoral, bem como que muitos talentos políticos devem ter sido desperdiçados por um sistema que não admite quem não joga nesse tipo de tabuleiro.

A seguinte pergunta não pretende legitimar esse sistema – muito longe disso –, mas permite raciocinarmos sobre essa temática: como é possível ingressar em um determinado sistema sem aderir às regras dele? Há como negar o efeito avassalador que um ambiente iníquo é capaz de produzir sobre atos e comportamentos? Será que podemos negar que tal ambiente não gera um efeito na autoimagem de um parlamentar sobre seus atos futuros? É como se ele pensasse: *já que me submeti à corrupção no momento de angariar recursos à minha campanha, por que não continuar a receber vantagens indevidas por favores que posso prestar no exercício do cargo?*

Como se não bastassem todos esses fatores que propiciam um contexto de corrupção no campo político, podemos mencionar, ainda, outro fator a ser observado: as pessoas que trabalham para organizações ideológicas, como grupos políticos e instituições sem fins lucrativos, podem realmente se sentir mais confortáveis ao fraudar normas morais, porque fazem isso por uma "boa causa" e para ajudar os outros. Como se enxergam moralmente superiores e, muitas vezes, redentores de um município, de um estado ou de todo um país, tais sujeitos burlam normas legais, éticas e morais, sob a alegação de que "os fins justificam os meios". Infelizmente, esse aspecto não se verifica somente em nossos líderes políticos. Autoridades judiciais e investigativas, das quais se espera um pouco mais de imparcialidade, não raras vezes, acabam sendo embaladas pelo excesso de valorização de seus propósitos e acabam exacerbando o âmbito de aplicação das normas.

Encerramos esta seção com um tema abordado pelas ciências penais na avaliação da fixação da pena de um condenado e que também não é ignorado pelo modelo da economia comportamental: se devemos ser intolerantes com pequenos atos ímprobos, por todas as razões aqui apontadas, essa reprovabilidade deve ser ainda mais incisiva com aqueles que ocupam posição social de formadores de opinião: políticos, servidores públicos, celebridades, presidentes de empresas e representantes de grandes corporações, que, quase sempre, acabam sendo tratados de forma mais leniente pelos mecanismos de punição.

Se é correto afirmar que a tendência de fraudar está se arrefecendo em classes mais privilegiadas, em virtude dos processos de criminalização e das condenações que lhes batem à porta, ainda é extremamente usual nos depararmos com penalizações amenas para pessoas com maiores condições de se comportarem de acordo com a norma penal, pelo fato de terem família constituída, emprego e residência fixa, ao mesmo tempo que acompanhamos condenações extremamente rígidas para pessoas com estrutura familiar desagregada, sem atividade lícita comprovável etc.

2.3 A necessária pluralidade metodológica para a compreensão e a detecção das fraudes

Como procuramos demonstrar ao longo deste capítulo, as pessoas procuram se beneficiar da trapaça ao mesmo tempo que querem ver a si mesmas como seres humanos íntegros e honestos, o que se atinge através da margem de manobra da racionalização e do autoengano. A regra é trapacear somente um pouco, para podermos manter a autoimagem.

Outros dois aspectos merecem destaque no que se refere à discussão das matrizes das fraudes. O primeiro deles, e que será absolutamente relevante para as próximas etapas do presente livro, diz respeito ao fato, também já destacado, de que, em todos os experimentos trazidos por Ariely, poucas pessoas realizaram grandes trapaças, mas muitas cometeram pequenas fraudes. Trata-se de uma constatação fundamental que nos faz rever as estratégias normalmente utilizadas para combater os atos ilícitos: em vez de espreitarmos as grandes desonestidades, melhor seria criarmos mecanismos mais rígidos para impedir que as pequenas ocorressem. Até mesmo por uma questão econômica: parece ser evidente que a soma das pequenas e inúmeras fraudes supera os valores envolvidos nas grandes.

Há, ainda, que se discutir um segundo aspecto. Trata-se do fato de que as pesquisas às quais nos referimos no presente capítulo foram levadas a cabo em países como EUA, Israel, Itália, Turquia, Canadá e Inglaterra, e o volume de trapaça investigado em todas elas se manteve constante. Tal circunstância desmente as conclusões a respeito de uma suposta peculiaridade brasileira, à qual se atribui falsamente matrizes históricas e que ressalta a tendência ao cometimento de fraudes pelo nosso povo – o tantas vezes invocado "jeitinho brasileiro". Tais atos ilícitos não são típicos do Brasil, mas, sim, facetas de todos os seres humanos, e devem ser compreendidos dentro da cultura em que estão inseridos, considerando a diversidade cultural entre os povos. Entender o contrário – isto é, que as fraudes e a corrupção, por exemplo, são típicas do povo brasileiro –, somente serve para turbar a questão, visto que tal conclusão presume metodologias inadequadas à temática: deixa-se de considerar que a desonestidade é algo que potencialmente pode ocorrer com qualquer pessoa, para se entender que há uma classe específica de desonestos.

Esse aspecto nos leva à derradeira questão deste capítulo: a compreensão da desonestidade começa pela discussão dos motivos que levam as pessoas a serem desonestas, o que deve necessariamente abarcar os nossos próprios atos. Antes de qualquer coisa, devemos admitir a dificuldade de reconhecer esses fatores em nossas próprias vidas, assim como se cobra de um cientista a honestidade de não se dar como conhecido o que se ignora, o respeito às evidências e a disposição a não facilitar as coisas para si próprio (Fonseca, 2005). O mesmo autor menciona a regra de ouro da metodologia de Darwin: toda vez que o cientista se deparava com algum fato empírico ou argumento contrário àquilo em que tendia a acreditar, registrava prontamente por escrito – isto é, não confiava na memória. A mesma metodologia deve ser constantemente aplicada em nossas vidas, condutas e ações. Pergunte-se: "Estou efetivamente sendo íntegro e honesto ou estou criando justificativas subjetivas para os meus atos?" É fundamental estabelecer regras que possam nos proteger de nós mesmos.

Síntese

Neste capítulo, debatemos os modelos de análise das fraudes em geral e das fraudes corporativas em específico: o modelo da economia racional e o modelo da economia comportamental. Partindo da premissa de que a tradicional análise do modelo da **economia racional** é limitada, discutimos os elementos ligados à **economia comportamental**, para demonstrar que os fatores que propiciam as fraudes, não raras vezes, estão mais próximos de nós do que poderíamos imaginar. Verificamos, também, que comumente lançamos mão, ainda que inconscientemente, de uma série de mecanismos com o intuito de estabelecer um equilíbrio entre levar vantagem e manter uma autoimagem de honestidade, como: manter distância psicológica da ação fraudulenta, ignorar os conflitos de interesses, o fato de sermos submetidos a estados corporais e mentais como o cansaço, bem como, com muita frequência, utilizar-se do autoengano para fundamentar falsos juízos e conclusões. Esse debate, como demonstrado, revela a necessidade de utilizarmos, na discussão desse tema, uma pluralidade de metodologias para detectarmos e compreendermos os motivos que levam à prática de fraudes.

Para saber mais

DIS(HONESTY): the Truth About Lies. Direção: Yael Melamede. EUA, 2015. 89 min. Documentário.

Esse documentário, estrelado pelo professor Dan Ariely, revela, por meio de inúmeros estudos empíricos, os mecanismos que nos compelem à desonestidade. O filme ajuda a perceber que a discussão sobre fraudes deve focar menos nos fatores que explicam como os desonestos as cometem e mais na percepção de que, como somos todos humanos, somos falhos e, com efeito, passíveis de erros e desonestidades. Quem sabe, antes de elaborarmos controles, mecanismos e elementos para combatermos as fraudes alheias, talvez seja preciso nos preocuparmos mais com nossos próprios atos.

Questões para revisão

1) Discorra sobre o papel do autoengano no cometimento das fraudes.
2) Comente sobre o papel do cansaço no cometimento das fraudes.
3) Sobre a assertiva "as fraudes são realizadas por pessoas más", é correto afirmar:
    a. Trata-se de uma assertiva preconceituosa e estereotipada, visto que todos podem cometer fraudes.
    b. As fraudes somente são realizadas por fraudadores geneticamente predispostos.

c. As fraudes sempre são realizadas por pobres, negros e pouco escolarizados.

d. O direito penal é igual para todos, e a razão de pobres, negros e pouco escolarizados comporem a maioria do sistema penal é o fato de serem eles os que realizam fraudes em nossa sociedade.

e. Nenhuma das alternativas anteriores está correta.

4) Sobre os fatores que a economia comportamental considera para analisar o fenômeno das fraudes, é correto afirmar:

a. Devemos nos concentrar nas grandes fraudes, pois as pequenas são irrelevantes.

b. As fraudes são um mero resultado da consideração entre custos e benefícios.

c. O objetivo da economia comportamental é compreender a fragilidade humana e descobrir maneiras mais realistas e eficazes de evitar tentações, incentivar o autocontrole e reforçar a visão dos objetivos de longo prazo.

d. Quanto mais anteparos, que servem de escudos psicológicos, existirem entre o ato desonesto e o comportamento fraudulento, mais difícil será a realização de uma fraude.

e. Para a economia comportamental, a maior parte dos exemplos de corrupção dizem respeito a valores em dinheiro, e não a gentilezas, influências, interpretações mais favoráveis, aceleração de trabalho, retardamento de outros, troca de favores etc.

5) Sobre os fatores que a economia comportamental considera para analisar o fenômeno das fraudes, é correto afirmar:

a. Conflitos de interesse são irrelevantes na perpetração ou não de fraudes.

b. Profissionais que fazem recomendações e se beneficiam dos serviços prestados não estão suficientemente apartados da questão para poderem opinar de forma independente, o que abre espaço para fraudarem suas análises.

c. Se uma pessoa é honesta, o cansaço pouco influenciará na honestidade dos seus atos.

d. Os desonestos sabem que o são e se acham eticamente inferiores que a maioria das pessoas.

e. Nenhuma das alternativas anteriores está correta.

Questão para reflexão

1) Reflita sobre a seguinte assertiva: "o controle das fraudes inicia com o autocontrole". Em sua reflexão, você consideraria que o fator *autocontrole* é capaz de prevalecer perante os outros fatores que podem desencadear fraudes corporativas? Justifique sua resposta.

III

Repercussões jurídicas das fraudes corporativas

Conteúdos do capítulo:

» Fraudes corporativas criminalizadas pelo sistema jurídico brasileiro.
» Fraudes corporativas não criminalizadas pelo sistema jurídico brasileiro.
» A importância e a necessidade dos programas de *compliance*.

Após o estudo deste capítulo, você será capaz de:

1. realizar um diagnóstico das consequências jurídico-penais do cometimento de fraudes empresariais, bem como das consequências jurídicas que estão além dos limites do direito penal;
2. compreender quais elementos, nas fraudes corporativas, poderiam redundar no cometimento dos crimes de apropriação indébita, estelionato, furto e invasão de dispositivo informático, corrupção ativa, lavagem de dinheiro e concorrência desleal;

3. debater as consequências jurídicas não penais do cometimento de algumas fraudes corporativas, tais como o conflito de interesses e a desobediência às normas regulamentares e de *compliance*.

3.1 Fraudes corporativas criminalizadas pelo sistema jurídico brasileiro

No itinerário de análise do presente livro, debatemos, nos dois primeiros capítulos, os fundamentos nucleares ligados às fraudes corporativas. Em primeiro lugar, discutimos os principais elementos da espécie de fraude analisada, tais como o papel da sociedade, do marco regulatório, do setor econômico, da própria organização na qual a fraude ocorre e do indivíduo. Em um segundo momento, procuramos demonstrar a limitação das análises que usualmente são realizadas sobre o tema, buscando, dessa forma, instrumentos analíticos para melhor compreender a grande quantidade de fraudes corporativas que ocorrem pelas mãos de colaboradores dos mais diferentes níveis, sobre os quais não recai qualquer tipo de predisposição, em ambientes empresariais regidos por efetivas políticas de governança.

Trilhado esse caminho, e antes de detalharmos a importância de um programa de *compliance* efetivo e os pilares que o estruturam, faz-se necessário realizarmos uma análise mais verticalizada a respeito das modalidades mais comuns de fraudes corporativas, bem como das suas respectivas repercussões no sistema jurídico brasileiro.

Partimos de dados de pesquisas recentes a respeito do tema para compreendermos quais têm sido as fraudes corporativas mais comuns. Em paralelo, apresentamos o enquadramento jurídico de cada uma das espécies de fraude analisadas, mostrando as consequências das condutas fraudulentas conforme o sistema jurídico brasileiro.

Se, nesta obra, tivéssemos nos limitado à catalogação de todos os mecanismos por meio dos quais ocorrem fraudes corporativas, ela seria incompleta – por isso, escolhemos tal abordagem metodológica. Por essa razão, nosso intento não é debater todos os âmbitos de responsabilidade jurídica advindas de todas as fraudes corporativas, mas realizar um recorte que leve em consideração dois elementos: as mais comuns e frequentes fraudes em ambiente empresarial, conforme atestado por recentes pesquisas internacionais; e o enquadramento que tais fraudes recebem no sistema jurídico brasileiro. De tal forma, nossa abordagem procurou contemplar as respostas às seguintes indagações: quais são as mais frequentes e relevantes fraudes corporativas? Que crimes, dentro do sistema jurídico brasileiro, estariam sendo praticados no caso de suas respectivas perpetrações?

Essas questões serão o guia metodológico de nossa discussão neste capítulo. Para responder a elas, lançamos mão de dados do *Global Fraud Report*, que revelam quais são as fraudes corporativas que ocorrem com mais frequência. De posse desses dados, nosso próximo passo foi constatar, levando em conta a legislação penal brasileira, quais seriam as condutas criminosas praticadas.

Por fim, cabe uma última advertência: ainda que o foco já esteja limitado pelos parâmetros anteriormente indicados, nosso objetivo não será realizarmos amplas reflexões sobre cada crime analisado. Sem abrirmos mão da perspectiva pragmática, mencionaremos os principais aspectos de cada um dos crimes que potencialmente podem ser praticados no âmbito das fraudes corporativas. Os crimes debatidos neste capítulo poderiam ser, por si sós, objetos de obras específicas, mas, como enfatizado, nosso intento não foi verticalizar cada uma das possíveis consequências jurídicas das fraudes corporativas. Pelo contrário, nosso objetivo foi desenhar um painel o mais amplo possível, com base no qual o leitor poderá fazer incursões mais verticalizadas e mais apropriadas, se desejar.

3.1.1 Apropriação indébita

Conforme exposto quando da análise realizada do *Global Fraud Report*, no Capítulo 1, a maior incidência de fraudes corporativas diz respeito à apropriação de ativos físicos no âmbito das empresas. Um total de 22% das empresas investigadas pela pesquisa foram afetadas por condutas fraudulentas no período pesquisado e 62% manifestaram se sentir vulneráveis à ocorrência dessa modalidade de ilícito (Kroll, 2017).

Um pouco menos relevantes, mas ainda assim extremamente importantes, foram as menções à apropriação indébita de fundos da empresa e às fraudes financeiras internas, cujas ocorrências aconteceram, no período pesquisado, respectivamente em 9% e 7% das empresas que participaram das enquetes realizadas. Há que se mencionar, igualmente, o fato de que 43% das empresas alegaram se sentir ameaçadas pela eventual ocorrência de apropriação indébita de seus fundos, ao passo que a fraude financeira interna ameaça 40% das corporações pesquisadas (Kroll, 2017).

Refletindo sobre os três conjuntos de fraudes realizadas em detrimento das empresas, podemos afirmar que tais condutas corresponderiam ao crime patrimonial previsto no art. 168 do Decreto 2.848, de 7 de dezembro de 1940, o Código Penal Brasileiro, que assim dispõe: "Apropriar-se de coisa alheia móvel, de que tem a posse ou a detenção: Pena - reclusão, de um a quatro anos, e multa" (Brasil, 1940).

Com a referida norma, o legislador pretendeu proteger o direito de propriedade (Hungria, 1967) da empresa contra eventuais abusos por parte de colaboradores, de terceirizados ou de outras pessoas que, no cumprimento de suas tarefas, disponham de bens e valores da empresa, ainda que momentaneamente. De fato, trata-se de um dos procedimentos mais frequentes no âmbito organizacional: o colaborador, o terceirizado ou outras pessoas dispõem da coisa a título precário, utiliza-se de bens e utensílios disponibilizados para implementar as tarefas das quais deve se desincumbir. No entanto, tem uma obrigação de fazer uso determinado da coisa. Ao final da utilização, deve a coisa ser restituída ao seu legítimo proprietário – no caso, a empresa. Quando isso não ocorre, ou seja, na hipótese de o possuidor precário da coisa – o colaborador – apropriar-se dela com a consciência de que o está fazendo e com a vontade de que haja uma inversão definitiva de posse, caracteriza-se, assim, a ocorrência do crime que estamos abordando no presente item.

Com esse cenário, chegamos às seguintes exigências para que o crime seja cometido:

» a posse ou detenção da coisa pelo colaborador a título precário, o que pode ocorrer com o empréstimo de um veículo ou de um *scanner* de mão, por exemplo, para o desempenho de determinada tarefa;
» a coisa pertencer à empresa ou a terceiro, como nas hipóteses de *outsourcing* de determinado serviço dentro da empresa;
» a apropriação por parte do colaborador que, após a posse precária, não devolve o bem que lhe fora cedido em virtude da tarefa que deveria empreender;
» o dolo na realização da conduta, ou seja, a consciência de que o colaborador está ficando com algo que não lhe pertence e a vontade de que isso efetivamente se realize – tal aspecto é fundamental porque, evidentemente, não haverá crime se o

colaborador se esquecer de devolver ou atrasar a devolução da coisa ou, ainda, se negligentemente acabar perdendo o objeto;
» a não insignificância da coisa, ou seja, a coisa deve ter um valor tal que justifique a intervenção da esfera penal.

Ainda que não haja parâmetros muito claros para a aplicação do princípio da insignificância (Rocha Júnior, 2012), podemos aludir ao julgamento do *habeas corpus* n. 137.422 pela Segunda Turma do Supremo Tribunal Federal, em 28 de março de 2017, no qual se entendeu que a tentativa de subtrair 12 barras de chocolate de um supermercado, avaliadas em R$ 54,28, seria uma inexpressiva ofensa ao bem jurídico protegido (no caso, a propriedade) e, assim, a aplicação da lei penal seria desproporcional ao caso concreto, motivo pelo qual o processo foi trancado (Brasil, 2017).

No caso de ocorrência de tal tipo de conduta, com base nos requisitos indicados e após a devida apuração da responsabilidade através de processo penal, o autor do delito estará sujeito a uma pena que poderá variar de um a quatro anos de reclusão e multa, a depender da análise das circunstâncias a serem examinadas pelo juiz no momento da fixação da pena após a condenação, a qual é guiada pelo art. 59 do Código Penal, que estabelece os critérios da culpabilidade, dos antecedentes, da conduta social, da personalidade do agente, dos motivos, das circunstâncias e consequências do crime, bem como do comportamento da vítima para sopesar entre esse mínimo e o máximo referido (Brasil, 1940).

À pena-base que resultar dessa primeira etapa de análise por parte do magistrado, deve-se somar a causa de aumento de pena prevista no parágrafo 1º do art. 168 do Código Penal, que dispõe o seguinte: "§ 1º – A pena é aumentada de um terço, quando o agente recebeu a coisa [...] III – em razão de ofício, emprego ou profissão" (Brasil, 1940). Como a apropriação indébita, conforme as circunstâncias relatadas, necessariamente ocorrerá em razão de emprego ou profissão, o aumento da pena, nos patamares previstos pela lei, será obrigatório. De tal sorte, o autor poderá receber uma pena que variará de um mínimo de um ano e quatro meses até um máximo de cinco anos e quatro meses de reclusão.

3.1.2 Estelionato

A segunda hipótese mais frequente de fraude corporativa, segundo nos aponta o *Global Fraud Report*, diz respeito às fraudes realizadas por vendedores ou fornecedores. Trata-se de um fenômeno que atingiu 17% das empresas consultadas durante o período em que a pesquisa foi realizada e que amedronta quase a metade (49%) das corporações investigadas (Kroll, 2017).

As fraudes realizadas por vendedores ou por fornecedores, ao contrário da apropriação indébita, não seguem um padrão que possa ser analisado segundo um único critério legal. Podemos afirmar que um dos tipos de fraude mais frequentes reside no conjunto de fatos que se constituem no crime de estelionato. Isso porque as fraudes realizadas por vendedores e fornecedores têm como eixos centrais os elementos ligados à manutenção de alguém em erro (no caso, a empresa), mediante artifício, ardil ou meio fraudulento (o pequeno golpe que é aplicado) para obter, ao final, uma vantagem ilícita (Brasil, 1940).

Podemos recorrer a alguns exemplos para ilustrar a realização de tais tipos de fraude, como a concessão de descontos não dirigidos para convencer o comprador, mas sim divididos entre os vendedores em detrimento da empresa. Outro exemplo é a ocorrência de adulterações das especificações de produtos a serem entregues pelos fornecedores. Além disso, também podemos mencionar o direcionamento de contratos para fornecedores mais caros, mas que remuneram funcionários internos da empresa para a obtenção e manutenção da relação. De todo modo, os pontos que unem todas essas modalidades são exatamente os eixos indicados (Hungria, 1967).

Estabelecido esse pressuposto, e assim como feito em relação ao crime de apropriação indébita, partimos da previsão legal do crime de estelionato, estatuída pelo art. 171 do Código Penal Brasileiro, que assim dispõe: "Obter, para si ou para outrem, vantagem ilícita, em prejuízo alheio, induzindo ou mantendo alguém em erro, mediante artifício, ardil, ou qualquer outro meio fraudulento: Pena - reclusão, de um a cinco anos, e multa [...]" (Brasil, 1940).

Novamente, a norma penal citada, criminalizando a conduta em referência, pretende proteger o patrimônio do particular – no caso, o patrimônio da empresa em face dos atentados que contra ele podem ser praticados de modo fraudulento.

Como verificamos na redação do referido artigo, a ocorrência desse crime presume alguns elementos que devem imprescindivelmente estar presentes na ação. Entre eles, em primeiro lugar, está a fraude propriamente dita, ou seja, qualquer ato de má-fé com a intenção de lesar ou ludibriar outras pessoas (Greco, 2006). Em suma, tem-se um comportamento enganoso, contrário à boa-fé. Nesse sentido, as duas outras expressões que constituem a redação do artigo em análise (*artifício* e *ardil*), ainda que possam ter conceituações específicas distintas, antes de significarem algo diferente da fraude, constituem-se em sinônimos desse crime.

O segundo aspecto a ser observado para a consumação do crime em análise diz respeito à indução ou à manutenção da vítima em erro. No que se refere à indução, o agente persuade alguém através de uma ideia ou sugestão de que seu plano deve ser implementado (Greco, 2006), como na hipótese de um fornecedor convencer uma empresa de que a troca por um novo produto representa uma economia, quando na verdade se constitui em um estratagema para auferir lucros indevidos, uma vez que o novo material a ser entregue não atinge as especificações técnicas exigidas, ao contrário do que ele – fornecedor – fez crer. Quanto à manutenção da vítima em erro, via de regra, esta se consubstancia na hipótese de que o agente se aproveita do engano espontâneo da vítima – ou seja, do fato de que alguém já se encontra em erro – para o cometimento do crime.

O terceiro aspecto diz respeito à obtenção da vantagem ilícita. Trata-se do efetivo sucesso da empreitada fraudulenta pelo vendedor ou fornecedor, em razão do engano provocado na empresa, da vantagem ilegal e indevida. Em outras palavras, refere-se a uma vantagem que não existiria se a fraude não fosse aplicada.

Por fim, e como último elemento, mencionamos o dolo constituído, como já explicado, na consciência de que se está realizando algo indevido, ao que se soma a vontade de que efetivamente o intento criminoso se realize, para obter proveito injusto (Greco, 2006).

Outro aspecto que poderia ser debatido diz respeito à incidência, novamente, do princípio da insignificância, o qual, por já ter sido tratado anteriormente, não será novamente abordado.

Um aspecto importante, que não se refere à consumação do crime de estelionato, mas sim à melhor identificação da roupagem jurídica – e, com efeito, à definição dos desdobramentos penais que tal conduta deve receber –, diz respeito à prática de uma falsidade ideológica ou documental por parte de um vendedor ou fornecedor para a posterior realização de um estelionato. Sem adentrar nas especificações das falsidades, que serão debatidas a seguir, as questões que devem ser respondidas são: na hipótese de dois crimes, haverá duas penas diferentes que deverão ser somadas ou não? No caso, tratar-se-ia do mesmo crime?

A solução é dada pela Súmula n. 17 do Superior Tribunal de Justiça, que pontifica: "Quando o falso se exaure no estelionato, sem mais potencialidade lesiva, é por este absorvido" (Brasil, 1990). Isso significa que, na hipótese de haver um crime-meio (a falsidade) que se constitui em etapa necessária do crime-fim (estelionato), aquele é entendido como sendo parte deste, o que redunda na imposição de uma única pena: o crime-fim – exatamente como ocorre na hipótese de um homicídio, cometido através de uma facada, por exemplo, em que assim que a faca é introduzida no corpo da vítima, ao menos por algumas frações de segundo, tal ação consiste em uma lesão corporal leve. Porém, nos segundos seguintes, tal ato já se constitui em lesão corporal grave. Após poucos segundos ou minutos, ocorre a consumação do homicídio, que se dá com a morte da vítima. Sob essa ótica, indagamos: nesse exemplo, o agente do crime responderá por lesão corporal leve, lesão corporal grave e ainda pelo homicídio? Não! Por quê? Porque os dois crimes anteriores são etapas necessárias para a consumação do homicídio, o crime-fim. Por isso, o sujeito somente será processado e julgado pelo cometimento do homicídio – assim como ocorre na hipótese de uma falsidade ser realizada para o cometimento de um estelionato.

Outro aspecto a ser salientado se refere ao fato de que a hipótese de estelionato praticada pelo fornecedor, inclusive, está, também, especificamente prevista no art. 171 do Código Penal, mas no 2º parágrafo, que assim dispõe: "§ 2º – Nas mesmas penas incorre quem: [...] IV – defrauda substância, qualidade ou quantidade de coisa que deve entregar a alguém" (Brasil, 1940). Não há qualquer mudança em relação aos aspectos já abordados em virtude dessa distinta localização topográfica. Inclusive, a pena é a mesma, como se conclui da redação do parágrafo. O que muda diz respeito ao processamento, visto que o fornecedor responderia pelo cometimento do crime exposto nesse segundo parágrafo, e não no início do artigo.

Por fim, mencionamos a pena que poderá ser atribuída ao autor do crime em caso de condenação, podendo ser de um mínimo de um ano até um máximo de cinco anos. Vale relembrarmos que tal ponderação será realizada pelo magistrado, no momento da fixação da pena, como explicado no tópico anterior.

3.1.3 Furto e invasão de dispositivo informático

Nas empresas consultadas para a elaboração do *Global Fraud Report*, o furto de informações digitais ou físicas apareceu em terceiro lugar em incidência entre as fraudes corporativas: 15% das empresas alegaram ter sido vítimas dessa espécie de fraude, ao mesmo tempo que mais da metade (51%) externou seu temor de ser vitimada por essa conduta (Kroll, 2017).

No item em análise, precisamos considerar que 4% das empresas relatam ter sido vítimas de furto de IP – dado complementado por 37% das empresas que manifestaram temer a ocorrência desse fato (Kroll, 2017).

Atualmente, cremos que furtos de informações físicas são bem menos frequentes do que em outros tempos, e sua tipificação legal não traria grande discussão: seriam furtos qualificados nos termos do art. 155, parágrafo 4º, inciso II do Código Penal, que assim dispõe:

> *Subtrair, para si ou para outrem, coisa alheia móvel:*
> *Pena - reclusão, de um a quatro anos, e multa.*
> *[...] § 4º – A pena é de reclusão de dois a oito anos, e multa, se o crime é cometido:*
> *[...] II – com abuso de confiança, ou mediante fraude, escalada ou destreza.* (Brasil, 1940)

Novamente, trata-se de crime que protege a propriedade da empresa em face do apoderamento indevido, por parte do colaborador, de coisa que pertence à organização. A forma qualificada do crime em análise será a incidente na hipótese, tendo-se em conta que a possibilidade da apropriação do bem ocorre em virtude da confiança de que o colaborador goza no âmbito da empresa. E tal elemento, como é possível concluir pela leitura da redação do inciso II do art. 155 do Código Penal, redunda na qualificação e no respectivo aumento de pena do fato delituoso em análise.

Se a subtração de informação física não suscita muitas dúvidas jurídicas, o mesmo não ocorre quanto às informações eletrônicas. É que elas não se encaixam na redação do art. 155 do Código Penal que se refere à "coisa alheia móvel" (Brasil, 1940), uma vez que a exigência legal opera na hipótese de a coisa poder ser transportada de um local para outro sem perder sua identidade – o que, convenhamos, não é característica da informação eletrônica, visto que a reprodução não tira a coisa da esfera da disponibilidade ou da custódia do seu proprietário, a empresa, como exige o tipo penal para a consumação do delito.

Essa discussão veio à tona em um julgamento ocorrido no Tribunal de Justiça do Rio Grande do Sul, quando, por ocasião da Apelação Crime NOP 70049844483/n. CNJ 0291040-55.2012.8.21.7000, entendeu aquela corte que o fato de a acusada copiar para si, infringindo contrato firmado perante sua empregadora, arquivos e documentos informáticos gravados em disco rígido de computador não constitui crime, visto que o verbo *subtrair*, elemento nuclear do art. 155 do Código Penal,

> *pressupõe o apoderamento da coisa móvel alheia mediante apreensão e ulterior remoção do local onde se encontrava, exigindo-se, para a consumação do ilícito, que a res seja inclusive transportada para lugar onde a vítima não mais possa, ainda que precariamente, realizar vigilância sobre a mesma.* (Rio Grande do Sul, 2014, p.1)

Entendeu ainda a decisão que é inviável

> *se considerar que a acusada, copiando, para si, dados e arquivos informáticos, tenha tirado os mesmos da esfera de disponibilidade ou custódia da empresa ofendida, visto que simplesmente duplicou e gravou os mesmos em*

dispositivo do tipo USB, permanecendo a informação originária acessível à respectiva detentora de seus direitos autorais. (Rio Grande do Sul, 2014, p. 1)

Por tais razões, a acusada foi absolvida da acusação de ter cometido o crime de furto.

Não há como discordar da conclusão dessa decisão. De fato, crime de furto não ocorreu. Contudo, após a ocorrência dos fatos relatados, foi promulgada a Lei n. 12.737, de 30 de novembro de 2012, que alterou o Código Penal, inserindo-lhe o art. 154-A, que estabeleceu o regramento penal para a hipótese de invasão de dispositivo informático nos termos a seguir descritos:

> Art. 154-A. Invadir dispositivo informático alheio, conectado ou não à rede de computadores, mediante violação indevida de mecanismo de segurança e com o fim de obter, adulterar ou destruir dados ou informações sem autorização expressa ou tácita do titular do dispositivo ou instalar vulnerabilidades para obter vantagem ilícita: Pena - detenção, de 3 (três) meses a 1 (um) ano, e multa. (Brasil, 2012)

Verificamos que o dispositivo penal introduzido em 2012, além de abarcar a hipótese do furto de informações, também contempla o furto de IP de uma máquina que pertença à empresa.

Além da previsão exposta no início do artigo, faz-se necessário citar as condutas equiparadas, previstas no primeiro parágrafo do mesmo artigo: "§ 1º Na mesma pena incorre quem produz, oferece, distribui, vende ou difunde dispositivo ou programa de computador com o intuito de permitir a prática da conduta definida no **caput**" (Brasil, 2012, grifo do original).

Havendo prejuízo econômico, a hipótese atrairia a incidência do aumento de pena prevista no parágrafo 2º do mesmo artigo: "§ 2º Aumenta-se a pena de um sexto a um terço se da invasão resulta prejuízo econômico" (Brasil, 2012).

Na hipótese de crime qualificado, para o caso de obtenção de comunicações eletrônicas privadas, segredos comerciais ou industriais e informações sigilosas, os termos do parágrafo 3º expõem que a pena é de reclusão, de seis meses a dois anos, e multa (Brasil, 2012).

Por fim, para termos uma perspectiva suficientemente ampla para o debate da hipótese tratada, citamos a causa de aumento de pena de um a dois terços, no caso de haver divulgação, comercialização ou transmissão a terceiro, a qualquer título, de dados ou informações obtidas.

Desse cenário, depreendemos que, no sistema brasileiro, a conduta de furtar informações digitais da empresa redunda em crime cuja pena mínima é de seis meses e máxima de dois anos, nos termos do terceiro parágrafo do art. 154-A da Lei n. 12.737, conforme a redação que lhe foi dada pela alteração legislativa mencionada. Caso a informação seja repassada, ocorre aumento da pena, previsto no parágrafo 4º do mesmo artigo (Brasil, 2012).

3.1.4 Corrupção ativa

Outra espécie de fraude que chama a atenção no *Global Fraud Report* é a corrupção ativa. Temida por 40% das empresas pesquisadas e tendo ocorrido em 11% delas (Kroll, 2017), tal conduta se encontra prevista no art. 333 do Código Penal, que assim dispõe: "Oferecer ou prometer vantagem indevida a funcionário público, para determiná-lo a praticar, omitir ou retardar ato de ofício: Pena - reclusão, de 2 (dois) a 12 (doze) anos, e multa" (Brasil, 1940).

Como aduz Luis Régis Prado (2008), a tutela penal recai sobre o interesse de se preservar o normal funcionamento e o prestígio da Administração Pública, visando assegurar "a pureza da função pública, a sua respeitabilidade e a integridade dos funcionários" (Prado, 2008, p. 564). A referida proibição contempla toda uma série de hipóteses em que as empresas, através de seus vendedores, prepostos, gestores, acionistas, representantes, terceirizados ou qualquer pessoa que em nome dela se expresse, desejam obter algo da Administração Pública e, para tanto, lançam mão do expediente de oferecer ou prometer algo. Podemos perceber que a licitude da finalidade é irrelevante, visto que o que se criminaliza é justamente o meio utilizado para atingir um fim. Exemplificando: uma empresa é credora do Estado, que está em atraso nos seus pagamentos. O oferecimento de vantagem para o funcionário público que pode determinar o respectivo pagamento, mesmo de um que seja absolutamente lícito, constitui-se em corrupção.

A partir da redação dada ao tipo penal do art. 333 citado, Bitencourt (2007, p. 211) afirma que "o crime de corrupção ativa somente se aperfeiçoa quando a promessa ou oferta de vantagem indevida tem por objetivo que o funcionário público, no exercício de sua função, pratique, omita ou retarde ato de ofício". De outro lado, o mesmo autor aponta que "o crime se consuma com o mero conhecimento, pelo funcionário, do oferecimento ou promessa de vantagem indevida" (Bitencourt, 2007, p. 215). Em outras palavras, não é necessário que o funcionário público aceite a promessa ou a vantagem oferecida – caso aceite-a, estará cometendo o crime de corrupção passiva. Basta que o particular ofereça ou prometa determinada vantagem para que o funcionário pratique, omita ou retarde qualquer ato.

Esse aspecto é essencial para a configuração do crime, haja vista que não basta o dolo subdividido em consciência e vontade de oferecer ou promover vantagem indevida a funcionário público. Há que se acrescer na hipótese considerada "o elemento subjetivo do injusto, manifestado pelo especial fim de agir, que é o escopo de levar o funcionário a praticar ato de ofício, omiti-lo ou retardá-lo" (Prado, 2008, p. 564).

Por fim, mencionamos a causa de aumento de pena referente ao atingimento do êxito na empreitada. É que, conforme analisado anteriormente, o crime se consome com o mero oferecimento da promessa ou da vantagem para o funcionário público. Contudo, se efetivamente ocorre a prática, o retardamento ou, ainda, a omissão de ato de ofício, significa que o intento do agente corruptor foi atingido, razão por que a conduta merece uma sanção penal ainda maior, nos termos do parágrafo do art. 333 do Código Penal: "Parágrafo único – A pena é aumentada de um terço, se, em razão da vantagem ou promessa, o funcionário retarda ou omite ato de ofício, ou o pratica infringindo dever funcional" (Brasil, 1940).

3.1.5 Lavagem de dinheiro

O combate à lavagem de dinheiro se constitui em uma das mais relevantes políticas globais da atualidade. Não à toa, é tema de três das mais recentes convenções das Nações Unidas: a Convenção das Nações Unidas contra o Tráfico Ilícito de Entorpecentes e de Substâncias Psicotrópicas, ocorrido em 1988, em Viena, na Áustria; a Convenção das Nações Unidas contra o Crime Organizado Transnacional, que aconteceu em 2000, em Palermo, na Itália; e a Convenção das Nações Unidas Contra a Corrupção, de 2003, na cidade de Mérida, no México (Callegari; Weber, 2014; Badaró; Bottini, 2016).

Além disso, o tema da lavagem de dinheiro é o objeto por excelência do Financial Action Task Force (FATF) – em português, Grupo de Ação Financeira Internacional (Gafi) –, organismo intergovernamental criado em 1989 com o objetivo original de conceber e promover, tanto em nível nacional quanto internacional, estratégias de natureza intergovernamental e multidisciplinar contra o branqueamento de capitais. Desde outubro de 2001, esse órgão também vem atuando contra o financiamento do terrorismo, sendo mundialmente reconhecido como a entidade que define os padrões nessa matéria (FATF, 2012).

Como se não bastasse toda a atenção que tal fenômeno tem despertado, deparamo-nos ainda com o dado de que 4% das empresas pesquisadas no *Global Fraud Report* aludiram ao fato de terem sido envolvidas por essa espécie de crime (Kroll, 2017). Ainda, mais de um terço (34%) de todas as empresas pesquisadas alegaram receio de se verem envolvidas em ações relacionadas à lavagem de dinheiro (Kroll, 2017).

Ao lado da modalidade criminosa constituída pela corrupção, e ao contrário de todas as demais espécies de crime mencionadas neste capítulo – nas quais há uma explícita e clara definição de que a empresa é vitimada pelas condutas que já debatemos, visto que há ataque a seus bens jurídicos (como patrimônio, segredos industriais etc.) –, a lavagem de dinheiro não ataca diretamente um bem jurídico que possa ser individualizável em uma empresa (há, inclusive, uma discussão sobre qual é o bem jurídico que se estaria protegendo com a criminalização desse conjunto de condutas, mas se trata de um debate que foge aos limites de nossa abordagem) (Callegari; Weber, 2014; Badaró; Bottini, 2016). Não seria demais dizermos que a corrupção tampouco protege qualquer bem jurídico da empresa.

O ponto é que, antes de se constituírem em vítimas – assim como na corrupção –, as empresas acabam se envolvendo e sendo envolvidas em estratégias de lavagem dinheiro, o que ocorre, basicamente, de duas formas: elas se utilizam dos vários mecanismos da lavagem de dinheiro para branquear capitais obtidos por meios ilícitos; ou acabam sendo utilizadas como uma das engrenagens que fazem o dinheiro sujo ser reinserido no mercado formal.

As modalidades de como isso poderia ocorrer podem ser mais bem visualizadas a partir da proibição legal inserida no art. 1º da Lei n. 9.613, de 1998, que cita:

> Ocultar ou dissimular a natureza, origem, localização, disposição, movimentação ou propriedade de bens, direitos ou valores provenientes, direta ou indiretamente, de infração penal. Pena: reclusão, de 3 (três) a 10 (dez) anos, e multa. (Brasil, 1998)

Desde logo verificamos que a diretriz legal exige algum ato de mascaramento. Por exemplo: se o agente compra diretamente um imóvel ou bens ou deposita em sua própria conta-corrente o produto de um determinado crime, não existe lavagem. O ato criminoso é a ocultação, a dissimulação da origem desses bens que são produto de crime.

Devemos atentar para quatro aspectos referentes ao cometimento desse crime. Em primeiro lugar, a circunstância de que a ocultação deve ser preenchida pelo elemento subjetivo. Como já explicado nos subitens precedentes, trata-se da consciência e da vontade de limpar o capital através desse crime, sob pena de o ato de enterrar dinheiro no quintal para posterior compra de um bem poder ser caracterizado como lavagem (Badaró; Bottini, 2016).

Em segundo lugar, a absoluta necessidade de haver como antecedente a prática de uma infração penal, cujo produto será ocultado para, em seguida, compor operações que dissimulem sua origem e, na sequência, ser reinserido na economia formal, com aparência lícita (Calegari; Weber, 2014). A respeito desse segundo aspecto, algumas verticalizações se fazem necessárias para que possamos melhor compreender de que forma uma corporação pode se envolver ou se ver envolvida em tal tipo de conduta (Badaró; Bottini, 2016).

Analisemos, primeiramente, a ocultação. Trata-se do movimento inicial de distanciamento do valor de sua origem criminosa, através da alteração qualitativa dos bens, do seu afastamento do local da prática da infração antecedente, entre outras ações. Nesse sentido, podemos citar como exemplos de tal prática no âmbito corporativo:

- » a utilização da conta-corrente da empresa para receber pequenas quantias em depósito, ligadas à emissão de notas fiscais que não estão atreladas a qualquer produto ou serviço;
- » a aquisição de suprimentos importados superfaturados ou inexistentes;
- » a diversificação dos negócios de um determinado grupo empresarial por meio da aquisição de bens móveis, imóveis ou de negócios com despesas estáveis e de difícil aferição de rendimento (como padarias, posto de gasolina, empreendimentos imobiliários), o que permite a declaração de um faturamento superior ao da efetiva entrada.

Em um segundo momento, ocorre a dissimulação. Essa é uma etapa consistente na diluição do dinheiro, já inserido no mercado formal, na etapa anterior, por meio de incontáveis operações sucessivas no país e no exterior, para dificultar o rastreamento dos bens e dos valores. Como exemplos de tal prática nas corporações, citamos:

- » a transferência internacional de fundos;
- » o apoio de estruturas *offshore* em paraísos fiscais pela atuação de consultores financeiros e jurídicos internacionais que idealizam operações, mas não têm qualquer contato com os ativos ilícitos, já que operam com dinheiro virtual.

A terceira etapa diz respeito à integração, na qual se empregam os ativos criminosos – anteriormente ocultados e dissimulados – no sistema produtivo, por intermédio da criação, da aquisição e/ou do investimento em negócios lícitos ou da simples compra de bens que servem de fonte legítima para justificar os rendimentos dos criminosos. Como exemplos disso, mencionamos:

- » a compra e venda de complexos imobiliários;
- » o aumento do capital social através de integralizações;
- » aplicações em bancos e em entidades de previdência, bem como realização de seguros, operações de importação e exportação etc.

O terceiro aspecto relacionado ao cometimento do crime de lavagem de dinheiro diz respeito ao fato de que não se exige, para a realização do tipo penal, a completude do ciclo: basta a consumação da primeira etapa ou de quaisquer uma das etapas (Badaró; Bottini, 2016).

Por fim, o quarto aspecto refere-se ao dolo, consubstanciado na vontade de lavar o capital, ou seja, de reinserir o capital na economia formal com aparência de licitude para que o crime possa se materializar.

3.1.6 Concorrência desleal

A metodologia que utilizamos para a análise das fraudes corporativas que se constituem em crime, como já enfatizamos, consistiu em partir de dados relacionados a pesquisas internacionais sobre o tema como referencial de quais seriam as condutas mais comuns, para que, assim, pudéssemos debater quais seriam os crimes que, de acordo com o sistema jurídico brasileiro, estariam sendo cometidos.

Dentre os diversos tipos de fraudes observados no *Global Fraud Report* que se enquadram em condutas penalmente relevantes, segundo o ordenamento jurídico brasileiro, há um último que ainda merece destaque: a concorrência desleal. Entre as empresas pesquisadas para a confecção do *Global Fraud Report*, 2% delas relataram terem sido vítimas dessa espécie de crime. Destacamos, ainda, que mais de uma em cada quatro empresas (26%) asseverou estar exposta a tal tipo de conduta (Kroll, 2017).

O objetivo do legislador ao tipificar as condutas que se inserem na modalidade *concorrência desleal* foi o de preservar o valor da liberdade de concorrência, nos termos do inciso IV do art. 170 da Constituição da República, que o contempla (Brasil, 1988). Assim, a Lei n. 9.279, de 14 de maio de 1996, que regulamenta esse tema, constitui-se em um marco da defesa do referido princípio constitucional.

O art. 195 da lei mencionada enuncia todas as condutas que constituem o crime de concorrência desleal em seus diversos incisos. Por se tratar de condutas que, em tese, tanto podem vitimar como podem ser cometidas pelas mais variadas e distintas corporações, incluindo-se tanto as grandes multinacionais quanto as microempresas, destacamos a seguir todas as hipóteses da ocorrência do crime em análise.

> Art. 195. Comete crime de concorrência desleal quem:
> I – publica, por qualquer meio, falsa afirmação, em detrimento de concorrente, com o fim de obter vantagem;
> II – presta ou divulga, acerca de concorrente, falsa informação, com o fim de obter vantagem;
> III – emprega meio fraudulento, para desviar, em proveito próprio ou alheio, clientela de outrem;
> IV – usa expressão ou sinal de propaganda alheios, ou os imita, de modo a criar confusão entre os produtos ou estabelecimentos;
> V – usa, indevidamente, nome comercial, título de estabelecimento ou insígnia alheios ou vende, expõe ou oferece à venda ou tem em estoque produto com essas referências;
> VI – substitui, pelo seu próprio nome ou razão social, em produto de outrem, o nome ou razão social deste, sem o seu consentimento;
> VII – atribui-se, como meio de propaganda, recompensa ou distinção que não obteve;
> VIII – vende ou expõe ou oferece à venda, em recipiente ou invólucro de outrem, produto adulterado ou falsificado, ou dele se utiliza para negociar com produto da mesma espécie, embora não adulterado ou falsificado, se o fato não constitui crime mais grave;

IX – dá ou promete dinheiro ou outra utilidade a empregado de concorrente, para que o empregado, faltando ao dever do emprego, lhe proporcione vantagem;

X – recebe dinheiro ou outra utilidade, ou aceita promessa de paga ou recompensa, para, faltando ao dever de empregado, proporcionar vantagem a concorrente do empregador;

XI – divulga, explora ou utiliza-se, sem autorização, de conhecimentos, informações ou dados confidenciais, utilizáveis na indústria, comércio ou prestação de serviços, excluídos aqueles que sejam de conhecimento público ou que sejam evidentes para um técnico no assunto, a que teve acesso mediante relação contratual ou empregatícia, mesmo após o término do contrato;

XII – divulga, explora ou utiliza-se, sem autorização, de conhecimentos ou informações a que se refere o inciso anterior, obtidos por meios ilícitos ou a que teve acesso mediante fraude; ou

XIII – vende, expõe ou oferece à venda produto, declarando ser objeto de patente depositada, ou concedida, ou de desenho industrial registrado, que não o seja, ou mencioná-lo, em anúncio ou papel comercial, como depositado ou patenteado, ou registrado, sem o ser;

XIV – divulga, explora ou utiliza-se, sem autorização, de resultados de testes ou outros dados não divulgados, cuja elaboração envolva esforço considerável e que tenham sido apresentados a entidades governamentais como condição para aprovar a comercialização de produtos.

Pena - detenção, de 3 (três) meses a 1 (um) ano, ou multa. (Brasil, 1996)

3.2 Fraudes corporativas não criminalizadas pelo sistema jurídico brasileiro

Estabelecidos os principais contornos da forma como são criminalizados, no sistema jurídico brasileiro, alguns dos mais relevantes tipos de fraudes constatáveis no ambiente corporativo, conforme nos indicam as mais abalizadas pesquisas internacionais sobre o tema, precisamos mencionar, também, as fraudes que, embora sejam bastante significativas no contexto analisado, não se constituem em crime segundo o nosso sistema jurídico: o conflito de interesses e a quebra de regras de *compliance*.

Talvez não seja demais repetirmos que, tradicionalmente, entende-se que a peculiaridade do direito penal reside no fato de atentar para os bens jurídicos mais relevantes, elevando os ataques a tais bens à condição de crime. Contudo, a massiva atividade legiferante do Estado, mormente no que diz respeito ao direito penal, não prescreve exatamente uma distinção entre a proteção daquilo que é considerado importante no direito penal e daquilo que é tido como menos importante em outras esferas do direito, como os direitos administrativo, civil, tributário, entre inúmeros outros.

Não estamos afirmando que os temas tratados a seguir devessem ser objeto de criminalização, o que está longe dos pressupostos minimalistas que embalam nosso ideário. Em nossa perspectiva, o direito penal, por ser o "tratamento quimioterápico" do direito, deve ser reservado para as doenças mais agudas, e não para qualquer mazela. Parece elementar que a banalização do direito penal retira-lhe uma de suas características mais essenciais: sua força simbólica.

Porém, sustentamos que, apesar de não se constituírem em crimes, segundo o sistema jurídico brasileiro, o conflito de interesses e a quebra de regras de *compliance* são problemas que estão longe de representarem temas de menor importância. Imaginar que ameaças corporificadas no conflito de interesses e na desobediência às normas regulamentares ou de *compliance* são irrelevantes significa desconhecer o fato de que são temas que não só preocupam, mas também atingem as empresas de forma concreta, como bem atesta o *Global Fraud Report*.

Não é por outra razão que tanto o conflito de interesses quanto a desobediência às normas regulamentares e de *compliance* foram mencionados por 12% das empresas consultadas para a referida pesquisa (Kroll, 2017). Ainda, mais de um terço (36%) das empresas alegaram se sentir vulneráveis à ocorrência de conflitos de interesses em seus colaboradores, ao passo que 40% delas mencionaram que se sentem ameaçadas pela ocorrência de desatenções às normas regulamentares e de *compliance*. Esses temas serão abordados nos tópicos a seguir.

3.2.1 Conflito de interesses

Para os intentos desta obra, as ameaças advindas do conflito de interesses já foram suficientemente tratadas na Seção 2.2.2. De todo modo, e como a análise realizada no presente capítulo tem como escopo a conjugação dos elementos factuais com a roupagem jurídica que o conflito de interesses recebe, é fundamental deixarmos claro que o Brasil conta com uma lei que o regula: a Lei n. 12.813, de 16 de maio de 2013. Contudo, ela se limita a dispor sobre "o conflito de interesses no exercício de cargo ou emprego do Poder Executivo federal e impedimentos posteriores ao exercício do cargo ou emprego" (Brasil, 2013a). Isso significa que, além de não contemplar os poderes Judiciário e Legislativo, a lei tampouco se aplica à iniciativa privada, esfera que muito padece dos males, por vezes inconscientes, do conflito de interesses.

Os exemplos retratados na Seção 2.2.2 dizem respeito às atividades eminentemente autônomas, como o exercício da medicina, da odontologia e da advocacia, bem como de serviços gerais, a exemplo de serviços mecânicos que necessitamos para nossos veículos automotores. Nada obstante o enfoque dado àquela altura, não seria difícil imaginarmos exemplos de conflitos de interesses durante o exercício profissional de colaboradores de determinada corporação, cujos interesses são tratados como de somenos importância, em face dos interesses privados de quem contrata algum serviço ou fornecedor. Por exemplo: se um empresário tem um parente próximo (como um irmão) que pode ser um fornecedor com a melhor a relação custo-benefício, por que ele teria que abrir um procedimento de contratação a outros participantes?

No que diz respeito a essa temática, tanto há atos dolosos quanto atos culposos. Apesar disso, as empresas devem conceber, implementar e fazer evoluir um programa de ética corporativa, com procedimentos, regras e formas de atuar que coíbam esses e outros tipos de conduta. Isso nos leva ao tema detalhado no subitem a seguir.

3.2.2 Desobediência às normas regulamentares e de *compliance*

Apesar de também ser um tema apartado na legislação criminal brasileira, a desobediência às normas regulamentares e de *compliance* apresenta profundo impacto no cotidiano das corporações, conforme indicam as pesquisas utilizadas para a confecção deste livro.

De fato, a desatenção às normas regulamentares e às diretrizes estabelecidas pelas políticas de *compliance* de uma empresa representa um grande nascedouro de fraudes, justamente pela grande envergadura de tal problema.

Consideremos, inicialmente, a importância das normas e dos regulamentos para a condução de negócios em nosso país. Trata-se de todo um conjunto de regras impostas pelo Poder Público, pelo Poder Executivo, por agências de controle ou, ainda, por órgãos de classe, que estabelecem como deve ser exercida uma determinada profissão ou atividade. Quem acredita que há muita burocracia na condução de uma grande empresa deveria pesquisar a quantidade de normas e regramentos para se abrir, por exemplo, um pequeno posto de gasolina no interior de um estado ou um comércio do ramo de alimentação em um *shopping center*. Desde a forma como o lixo é tratado, passando por licenças ambientais e de saúde e especificações ligadas à segurança do trabalho, há inúmeras regras que devem ser atendidas em cada uma das mais diferentes atividades econômicas que podemos imaginar. A magnitude do número de tais regulamentações tem, inclusive, levado muitos escritórios de advocacia a se especializarem no atendimento a setores como o automobilístico, o farmacêutico e o de concessões, em vez de serem reconhecidos por atuarem com direito penal, do consumidor, cível ou trabalhista, por exemplo.

Dessa forma, parece evidente que cada empresa, independentemente do seu tamanho, do número de funcionários e do setor da atividade econômica, deve ter bastante atenção com esse plexo de normas, sob pena de incorrer em ilegalidades que podem se espalhar pelas mais diferentes esferas de responsabilização, como: ilícitos penais, consumeirista, de segurança do trabalho, contra a ordem econômica, urbanística, tributária, entre tantas outras. Mas como estabelecer um padrão de atenção às normas que possa redundar em uma operação pautada, em todos os seus âmbitos, na mais estrita legalidade? Aqui entra a importância dos programas de integridade e ética corporativa, internacionalmente conhecidos como *programas de compliance*. E, a partir de agora, iniciamos a análise do mais importante tópico da presente obra.

Como nos explica Maeda (2012), os programas de *compliance* podem ser definidos como o conjunto de "esforços adotados pela iniciativa privada para garantir o cumprimento de exigências legais e regulamentares relacionadas às suas atividades e observar princípios de ética e integridade corporativa" (Maeda, 2012, p. 167). A previsão legal de sua exigibilidade no Brasil reside no inciso VIII do art. 7º da Lei n. 12.846/2013, a qual estabelece que será levada em consideração, na hipótese de penalização de empresa flagrada em ato de corrupção, "a existência de mecanismos e procedimentos internos de integridade, auditoria e incentivo à denúncia de irregularidades e a aplicação efetiva de códigos de ética e de conduta no âmbito da pessoa jurídica" (Brasil, 2013b). Esse inciso foi regulamentado em 18 de março de 2015 pelo Decreto n. 8.420, expedido pela Presidência da República (Brasil, 2015).

O último tópico referente ao cometimento de fraudes corporativas, conforme a relação de incidências desses delitos nas empresas investigadas pelo *Global Fraud Report*, diz respeito à desatenção às regras internas estatuídas pelas próprias empresas. Tais regras se referem não somente a princípios gerais e de ética e comportamento, mas a procedimentos, regras e leis que sintetizam os mecanismos por meio dos quais todas as fraudes que relatamos até esse momento nesta obra poderiam ter sido evitadas.

Considerando-se que a estrutura essencial de um efetivo programa de *compliance* será o objeto por excelência dos capítulos seguintes e que, por tal razão, não serão verticalizados agora, cumpre-nos, no fechamento do presente capítulo, abordarmos a importância da implementação dos programas de *compliance* pelas empresas.

3.3 A importância e a necessidade dos programas de *compliance*

A esta altura do presente livro, imaginamos que já ressaltamos, mais do que a importância, a absoluta necessidade de as empresas implementarem programas de *compliance*: trata-se de um fator fundamental para coibir a ocorrência de fraudes.

Evitar fraudes não pode ser uma política das corporações constituída unicamente pela incidência do marco legal existente em nosso país, sob o pressuposto de que, considerando essa legislação, as pessoas farão o cálculo de custos *versus* benefícios e, assim, somente aqueles que têm predisposição cometerão fraudes.

Como sustentamos ao longo desta obra, as limitações oriundas dessa metodologia sequer resistem a uma análise factual do problema: a maior incidência de fraudes é praticada por funcionários internos; não há qualquer padrão científico para distinguirmos quem têm predisposição para fraudar; há um número muito grande de fraudes para imaginarmos que somente os que têm predisposição (como se fosse possível defini-los) poderiam cometê-las. Considerando isso, podemos concluir: necessitamos de outros mecanismos para coibir e prevenir as fraudes corporativas.

Aliás, se cada um de nós adotar a crença de que as fraudes são realizadas somente pelo outro, estaremos deixando de vigiar a nós mesmos! Como sustenta o Professor Dan Ariely (2012), estarmos cientes do comportamento imoral que podemos realizar diminui a trapaça, visto que não percebemos quando estamos sendo imorais, antiéticos ou fraudulentos, pois sempre agimos no limite da preservação da nossa autoimagem ética.

Assim, e em vez de imaginarmos que poderemos distinguir os predispostos à fraude, visto que todos os demais seriam desestimulados dessa prática pela ameaça da sanção, temos de apostar nossas fichas em métodos mais abrangentes, que incluam mecanismos diversos, perenes e constantemente revisados, para lembrar e rumar as ações dos colaboradores no sentido da ética corporativa, tal como ocorre no desenvolvimento e na manutenção de um programa de *compliance*.

Como indicam as pesquisas realizadas no âmbito da economia comportamental, lembretes para mantermos o caminho da retidão são um excelente método para evitar fraudes. Em um dos experimentos realizados por Ariely, pediu-se que alunos de algumas universidades assinassem uma declaração que atestava ciência das diretrizes presentes no código de honra da instituição. O resultado foi que a taxa de fraudes foi drasticamente reduzida, ainda que nenhuma das universidades em que os experimentos foram realizados contasse com qualquer código de honra (Ariely, 2012).

Da mesma forma, como sustenta Fonseca (2005), a adoção de regras impessoais, padronizando o exercício do juízo moral, tornando-o mais isento e independente da subjetividade e do viés pessoal de cada um (Fonseca, 2005), faria com que atingíssemos padrões mais elevados de ética e governança corporativa. Ou, como conclui o *Global Fraud Report*, "a fraude não está sendo debelada e continua a crescer, mas as empresas mais bem preparadas podem fazer muitas coisas para estar um passo à frente e se posicionarem para eliminá-la ou mitigá-la" (Kroll, 2017, p. 11, tradução nossa).

Síntese

Neste capítulo, debatemos a forma como as fraudes são criminalizadas no sistema jurídico brasileiro. Se o direito penal é o ramo jurídico que prevê a mais drástica intervenção do Estado, a qual inclusive contempla a restrição da liberdade, são inúmeras as situações de fraudes corporativas cujas perpetrações se constituem em crime à luz do nosso Código Penal e de inúmeras leis esparsas. Assim, e levando em consideração as fraudes corporativas mais frequentes, segundo as mais abalizadas pesquisas sobre o tema, constatamos que elas se corporificam através de apropriações indébitas, estelionatos, furtos, invasões de dispositivos informáticos, corrupção ativa, lavagem de dinheiro e concorrência desleal. Para além das ações fraudulentas que se consubstanciam em ilícitos penais, também discutimos, neste capítulo, outras tantas fraudes que, à luz do sistema jurídico brasileiro, constituem-se também em ilícitos de outras searas do direito, tais como os conflitos de interesses, ilícitos administrativos e desconformidades de *compliance*. Por fim, levando em conta esse cenário, demonstramos a importância dos programas de *compliance* enquanto mecanismos por excelência para combater essa gama de ilicitudes.

Para saber mais

LEITE, A.; TEIXEIRA, A. (Org.). *Crime e política*: corrupção, financiamento irregular de partidos políticos, caixa dois eleitoral e enriquecimento ilícito. Rio de Janeiro: FGV, 2017.

Esse livro reúne artigos dos maiores especialistas do Brasil e do exterior sobre um tema conexo à questão das fraudes corporativas: a relação entre essas fraudes e o fenômeno geral da corrupção. São inegáveis as relações entre os dois elementos: a corrupção se alimenta das fraudes corporativas, e estas, por seu turno, têm seu escoadouro na corrupção. Ainda que não seja o objetivo da obra, o livro organizado por Leite e Teixeira trata de um desdobramento extremamente importante para aqueles que desejam se aprofundar na temática das fraudes corporativas de uma maneira geral.

Questões para revisão

1) Explique em que consiste o crime de lavagem de dinheiro.
2) O que caracteriza a concorrência desleal?

3) Sobre os crimes mais comumente perpetrados no ambiente corporativo, é correto afirmar:
   a. Os objetos de apropriação indébita são a proteção do nome e a reputação da empresa.
   b. O crime mais comum é a apropriação indébita.
   c. A apropriação indébita exige a posse definitiva de um bem da empresa.
   d. A apropriação indébita pode ocorrer mesmo sem dolo, ou seja, sem consciência e vontade.
   e. Mesmo coisas insignificantes, no aspecto material, podem ser objeto de uma apropriação indébita, como uma caneta, ou um clipe de papel, por exemplo.

4) A respeito dos crimes mais comumente perpetrados no ambiente corporativo, é correto afirmar:
   a. A concessão de descontos por um vendedor de empresa pode se constituir em estelionato, quando o fornecedor é obrigado a dividi-lo com o vendedor.
   b. O direcionamento de um contrato de fornecimento de produtos a uma empresa que cobra mais caro que os concorrentes jamais seria crime no sistema jurídico brasileiro.
   c. Quando um funcionário de uma empresa falsifica um documento para realizar um estelionato, recebe a pena dos dois crimes.
   d. Na hipótese de o fornecedor alterar a qualidade ou a quantidade de produto a ser entregue na empresa contratante, diferentemente do que consta do contrato, não há ilícito penal algum.
   e. Nenhuma das alternativas anteriores está correta.

5) Sobre os crimes mais comumente perpetrados no ambiente corporativo, é correto afirmar:

a. No Brasil, a subtração de informações eletrônicas deve ser entendida como furto.
b. A subtração de informações eletrônicas não constitui crime no Brasil.
c. A corrupção ativa só se caracteriza com a efetiva entrega de uma vantagem ilícita para funcionário público, sendo irrelevante o simples oferecimento de uma vantagem.
d. Uma empresa é credora do Estado, que está em atraso nos seus pagamentos. O oferecimento de vantagens para o funcionário público que podem determinar o respectivo pagamento, mesmo que esse ato seja absolutamente lícito, constitui-se em corrupção.
e. Nenhuma das alternativas anteriores está correta.

Questão para reflexão

1) Reflita sobre as relações entre as fraudes corporativas e a corrupção que ocorre no Estado brasileiro. Quais são as relações que podem ser estabelecidas entre as fraudes corporativas e a corrupção generalizada que assola a nossa sociedade?

IV

Legislação sobre anticorrupção

Conteúdos do capítulo:

» Lei Anticorrupção Norte-Americana – *Foreign Corrupt Practices Act* (FCPA).
» Convenção Interamericana contra a Corrupção.
» Convenção da Organização das Nações Unidas contra a Corrupção.
» Convenção sobre o Combate da Corrupção de Funcionários Públicos Estrangeiros em Transações Comerciais Internacionais.
» Lei n. 12.846/2013 – Lei Anticorrupção Brasileira.

Após o estudo deste capítulo, você será capaz de:

1. conhecer os principais tratados internacionais anticorrupção, os organismos em que foram elaborados e as respectivas exigências direcionadas aos Estados-membros no sentido de adoção de providências para o combate à corrupção;

2. entender os principais aspectos da Lei Anticorrupção Norte-Americana, entre eles: o respectivo conceito de corrupção, sua aplicabilidade, as maiores sanções financeiras já impostas, bem como a sua relevância no contexto internacional de combate à corrupção;
3. compreender o conceito da responsabilização objetiva das pessoas jurídicas nos casos de responsabilização por ato de corrupção;
4. identificar quando um ato pode ser considerado ilícito e caracterizar caso de corrupção sujeito a sanções pela Lei Anticorrupção Brasileira;
5. demonstrar as penalidades que podem ser impostas às pessoas jurídicas envolvidas em casos de corrupção.

4.1 A Lei Anticorrupção Norte--Americana – *Foreign Corrupt Practices Act* (FCPA)

Após informações levantadas na década de 1970 pela Securities Exchange Commission (SEC) – órgão norte-americano equivalente à brasileira Comissão de Valores Mobiliários (CVM) –, as quais revelaram uma situação de corrupção generalizada praticada por empresas estadunidenses, o legislador federal daquele país, preocupado com o impacto negativo que esse fato geraria na credibilidade financeira de tais organizações, elaborou uma lei para combater tal prática, a qual foi denominada *Foreign Corrupt Practices Act* (FCPA), publicada em 1977 (Guaragni; Busato, 2015, p. 295-296).

Dessa forma, o principal objetivo da FCPA é o combate das práticas de corrupção ocorridas fora dos Estados Unidos e praticadas por agentes de empresas e entidades que tenham relação com esse país.

Assim, segundo Giovanini (2014), são considerados atos de corrupção nos termos da FCPA:

> *o uso intencional de qualquer meio do comércio em prol de qualquer oferta de pagamento ou promessa de pagamento, ou ainda autorização do pagamento quer seja em dinheiro ou algo de valor a qualquer pessoa, mesmo sabendo que a totalidade ou uma parte desse pagamento seja oferecida ou prometida, direta ou indiretamente, a um funcionário público para influenciá-lo em sua capacidade oficial, induzi-lo para fazer ou deixar de praticar um ato em violação ao seu dever legal, ou para obter qualquer tipo de vantagem indevida, a fim de ajudar a obter, direcionar ou manter negócios para ou com qualquer pessoa.* (Giovanini, 2014, p. 25)

Estão sujeitos a essa lei: pessoas físicas estadunidenses ou de outra nacionalidade, desde que residentes nos EUA; pessoas jurídicas estadunidenses ou estrangeiras que tenham qualquer tipo de valor mobiliário listado em bolsa de valores norte-americana ou que, por alguma razão, sejam obrigadas a apresentar relatórios à SEC, nos termos da Lei de Valores Mobiliários de 1934; as empresas ou entidades constituídas de acordo com as leis dos EUA, bem como as que têm filial constituída e operando nesse país; agentes prestadores de serviços que atuam em nome de uma instituição nacional ou estrangeira (Guaragni; Busato, 2015, p. 297).

Nos Estados Unidos, dois órgãos são responsáveis pela apuração e punição dos agentes que cometem atos de corrupção: o Departamento de Justiça norte-americano (DOJ), responsável pela apuração dos atos de corrupção no aspecto criminal, e a SEC, que faz a apuração no âmbito civil (The United States, 2012).

Para exemplificar o alcance da FCPA, podemos citar o caso da Petrobras, empresa brasileira que tem ações listadas na Bolsa de

Valores de Nova Iorque, além de ser proprietária de uma refinaria de petróleo em Pasadena, no estado do Texas – logo, em razão do vínculo com os Estados Unidos, está sujeita às penalidades da Lei Anticorrupção Norte-Americana.

Ainda para fins exemplificativos, indicamos, a seguir, uma lista contendo as dez empresas sancionadas com as maiores multas aplicadas com base na FCPA pelo Departamento de Justiça norte-americano, em razão da prática de atos de corrupção:

1. **Siemens** *(Alemanha): US$ 800 milhões, em 2008.*
2. **Alstom** *(França): US$ 772 milhões, em 2014.*
3. **KBR / Halliburton** *(EUA): US$ 579, em 2009.*
4. **Teva Pharmaceutical** *(Israel): US$ 519 milhões, em 2016.*
5. **Odebrecht / Braskem** *(Brasil): US$ 419,8 milhões, em 2016.*
6. **Och-Ziff** *(EUA): US$ 412 milhões, em 2016.*
7. **BAE** *(Reino Unido): US$ 400 milhões, em 2010.*
8. **Total SA** *(França): US$ 398 milhões, em 2013.*
9. **VimpelCom** *(Holanda): US$ 397,6 milhões, em 2016.*
10. **Alcoa** *(EUA): US$ 384 milhões, em 2014.*

(Cassin, 2016, grifo nosso, tradução nossa)

Com base nessas informações, podemos observar que as punições por ato de corrupção pelos órgãos de controle dos EUA são pesadíssimas do ponto de vista financeiro, pois, além das sanções criminais, que implicam a restrição da liberdade do agente corrupto, as multas são aplicadas em patamares elevados, o que leva as instituições a investirem cada vez mais na prevenção e no combate às fraudes, principalmente por meio da implementação ou do aprimoramento de programas de *compliance*.

Isso pode ser verificado no caso da Siemens, por exemplo, que lidera a lista das maiores multas aplicadas pelas autoridades estadunidenses, com base na FCPA. Depois da penalização ocorrida no ano de 2008, essa empresa criou, no ano de 2009, por meio de um acordo assinado com o Banco Mundial, um programa denominado *Siemens Integrity Initiative*, o qual consiste na disponibilização, ao longo de 15 anos, da quantia de US$ 100 milhões a fim de apoiar projetos de organizações que visem ao combate à corrupção, por meio de ações coletivas, educação e treinamentos (Siemens, 2018).

Ações como essa contribuem com a disseminação das boas práticas corporativas, que favorecem a criação de um ambiente mais saudável e seguro para os investidores, além de demonstrarem a efetividade dos mecanismos criados para combater o mal da corrupção.

4.2 Convenção Interamericana contra a Corrupção

Essa convenção foi firmada em Caracas, na Venezuela, em 29 de março de 1996, e ocorreu no âmbito da Organização dos Estados Americanos (OEA). Foi aprovada no Brasil por meio do Decreto Legislativo n. 152, de 25 de junho de 2002, e posteriormente promulgada por meio do Decreto Presidencial n. 4.410, de 7 de outubro de 2002.

O principal objetivo dessa convenção da OEA consiste na aplicação conjunta de medidas preventivas de combate à corrupção pelos Estados signatários, visto que, conforme reconhecido no próprio documento, as ações meramente repressivas e punitivas são incapazes de eliminar as causas que levam às práticas corruptivas (Brasil, 2014b).

Desse documento, destacamos as seguintes medidas de caráter preventivo no combate à corrupção:

> - A criação, manutenção e fortalecimento de normas de conduta para o adequado desempenho das funções públicas;
> - O fortalecimento de mecanismos que estimulem a participação da sociedade civil e de organizações não governamentais nos esforços para prevenir a corrupção;
> - A instituição de sistemas de arrecadação fiscal que impeçam a prática da corrupção;
> - A criação e fortalecimento de órgãos de controle que tenham por competência o desenvolvimento de mecanismos modernos de prevenção, detecção, punição e erradicação de práticas corruptas;
> - A criação de sistemas para proteger os funcionários públicos e cidadãos que denunciem de boa-fé atos de corrupção;
> - A criação de sistemas de recrutamento de funcionários públicos e de aquisição de bens e serviços por parte do Estado, de forma que sejam asseguradas a transparência, a equidade e a eficiência. (Brasil, 2014b)

Ainda, os Estados que fizeram parte dessa convenção se comprometeram a prestar assistência mútua no compartilhamento de informações relativas à prevenção, detecção, investigação e punição de atos de corrupção, incluindo-se as informações bancárias dos investigados, mesmo aquelas protegidas por sigilo legal, como se pode inferir dos respectivos arts. XIV e XVI do Decreto n. 4.410, transcritos a seguir:

> **Artigo XIV**
> **Assistência e cooperação**
> 1. Os Estados Partes prestarão a mais ampla assistência recíproca, em conformidade com suas leis e com os tratados aplicáveis, dando curso às solicitações emanadas de suas autoridades que, de acordo com seu direito interno, tenham

> faculdades para investigar ou processar atos de corrupção definidos nesta Convenção, com vistas à obtenção de provas e à realização de outros atos necessários para facilitar os processos e as diligências ligadas à investigação ou processo penal por atos de corrupção.
> 2. Além disso, os Estados Partes prestarão igualmente a mais ampla cooperação técnica recíproca sobre as formas e métodos mais efetivos para prevenir, detectar, investigar e punir os atos de corrupção. Com esta finalidade, facilitarão o intercâmbio de experiências por meio de acordos e reuniões entre os órgãos e instituições competentes e dispensarão atenção especial às formas e métodos de participação civil na luta contra a corrupção.
> [...]
> **Artigo XVI**
> **Sigilo bancário**
> I. O Estado Parte requerido não poderá negar-se a proporcionar a assistência solicitada pelo Estado Parte requerente alegando sigilo bancário. Este artigo será aplicado pelo Estado Parte requerido em conformidade com seu direito interno, com suas disposições processuais e com os acordos bilaterais ou multilaterais que o vinculem ao Estado Parte requerente.
> 2. O Estado Parte requerente compromete-se a não usar informações protegidas por sigilo bancário que receba para propósito algum que não o do processo que motivou a solicitação, salvo com autorização do Estado Parte requerido.
> (Brasil, 2002)

A Convenção Interamericana contra a Corrupção foi o primeiro tratado multilateral a abordar as medidas preventivas e punitivas no intuito de se combater a corrupção no âmbito internacional (Giovanini, 2014, p. 35-36).

4.3 Convenção da Organização das Nações Unidas contra a Corrupção

Essa convenção internacional foi assinada em 9 de dezembro de 2003, na cidade mexicana de Mérida, e é o tratado mais abrangente com relação ao tema *combate à corrupção*.

A convenção da ONU foi ratificada no Brasil por meio do Decreto Legislativo n. 348, de 18 de maio de 2005, sendo posteriormente promulgada pelo Decreto Presidencial n. 5.687, de 31 de janeiro de 2006.

Com a ratificação de seus termos pelo Estado brasileiro, a convenção da ONU passou a ser juridicamente vinculante, adquirindo *status* de lei ordinária, com ressalva das cláusulas penais.

Os principais objetivos dessa convenção consistem em:

- promover e fortalecer medidas para prevenir e combater mais eficaz e eficientemente a prática de atos de corrupção;
- promover, facilitar e apoiar a cooperação internacional e a assistência técnica na prevenção e na luta contra a corrupção, incluindo-se a recuperação de ativos;
- promover a integridade, a obrigação de prestar contas e a devida gestão dos assuntos e dos bens públicos. (Brasil, 2014c)

Dessa forma, verificamos que essa convenção visa ao combate à corrupção em quatro frentes: a prevenção dos atos de corrupção, a criminalização de tais atos, a cooperação internacional e a recuperação de ativos.

No que tange à prevenção, esse estatuto prevê a criação, pelos países signatários, de agências anticorrupção para a realização de apurações de fraudes e desvio de recursos públicos. No Brasil, em âmbito federal, esse papel é desempenhado pela Controladoria-Geral da

União (CGU), com o apoio e a cooperação de outros órgãos, tais como o Ministério Público, a Polícia Federal e a Receita Federal. Ainda, o documento da Convenção da ONU contra a Corrupção prevê a elaboração de medidas para a promoção da transparência pública, a independência do Poder Judiciário e do Ministério Público, a criação de um código de condutas dos funcionários públicos, a adoção de medidas preventivas à corrupção no setor privado, além de outras não menos importantes (Giovanini, 2014, p. 37).

Sobre a criminalização dos atos de corrupção, tal convenção determina que os Estados partes produzam, nas respectivas casas legislativas, leis que tipifiquem as mais variadas condutas de corrupção, inclusive os atos de suborno de funcionários públicos estrangeiros e de organizações internacionais e o enriquecimento ilícito, além da responsabilização das pessoas jurídicas (Brasil, 2006).

Quanto à cooperação internacional, o documento dessa convenção aborda a cooperação entre os Estados partes, a extradição de pessoas que cometeram atos de corrupção, o traslados dos condenados, a assistência jurídica recíproca, a transferência de procedimentos criminais de investigação, a investigação conjunta e técnicas especiais de investigação (Brasil, 2006).

Em termos práticos, podemos verificar a implementação de tais medidas pelos países signatários ao considerarmos os desdobramentos da Operação Lava Jato (maior operação judicial no combate à corrupção ocorrida no Brasil), em que autoridades suíças e estadunidenses têm contribuído com o compartilhamento de informações às autoridades brasileiras, o que permitiu ao Poder Judiciário pátrio processar e condenar os transgressores por diversos crimes de corrupção, incluindo-se o de evasão de divisas e lavagem de dinheiro.

Igualmente, em relação à recuperação de ativos, o documento prevê a cooperação e a assistência entre os Estados partes para reaver aos cofres públicos os valores desviados por meio de atos de corrupção e, eventualmente, os bens adquiridos por meio de tais recursos, nos termos das disposições contidas no Capítulo V do texto dessa convenção (Brasil, 2006).

4.4 Convenção sobre o Combate da Corrupção de Funcionários Públicos Estrangeiros em Transações Comerciais Internacionais

A Convenção sobre o Combate da Corrupção de Funcionários Públicos Estrangeiros em Transações Comerciais Internacionais, que ocorreu no âmbito da Organização para a Cooperação Econômica e Desenvolvimento (OCDE), foi firmada em 17 de dezembro de 1997. Tal convenção foi ratificada pelo Brasil em 15 de junho de 2000 e promulgada pelo Decreto Presidencial n. 3.678, de 30 de novembro de 2000.

Nos termos desse estatuto, considera-se delito criminal

> oferecer, prometer, ou dar qualquer vantagem pecuniária indevida ou de outra natureza, seja diretamente ou por intermediários, a um funcionário público estrangeiro, para esse funcionário ou para terceiros, causando a ação ou a omissão do funcionário no desempenho de suas funções oficiais, com a finalidade de realizar ou dificultar transações ou obter outra vantagem ilícita na condução de negócios internacionais. (Brasil, 2000, art. 1, 1)

A definição de funcionário público estrangeiro, nos termos dessa convenção, é a seguinte:

> qualquer pessoa responsável por cargo legislativo, administrativo ou jurídico de um país estrangeiro, seja ela nomeada ou eleita; qualquer pessoa que exerça função pública para um país estrangeiro, inclusive para representação ou empresa pública; e qualquer funcionário ou representante de organização pública internacional. (Brasil, 2000, art. 1, 4, "a")

Ainda, o mesmo texto expressa o compromisso de cada Estado em relação a tomar as medidas necessárias para responsabilizar as pessoas jurídicas pela corrupção de funcionário público estrangeiro (Brasil, 2000, art. 3, 2).

Nesse estatuto, também constam determinações aos Estados parte para a adoção de medidas de combate à lavagem de dinheiro, fraudes contábeis, assistência jurídica recíprocas, extradição, além da imposição de sanções criminais aos funcionários públicos corruptos e a seus corruptores (Brasil, 2000).

4.5 A Lei Anticorrupção Brasileira

Em cumprimento aos compromissos dispostos nas convenções internacionais apresentadas nos tópicos anteriores, firmados junto a organismos internacionais e aos seus Estados-membros, o Brasil publicou a Lei n. 12.846/2013 (Lei Anticorrupção Brasileira) e, posteriormente, editou o Decreto n. 8.420, de 18 de março de 2015, que veio para regulamentar os termos dessa lei.

A Lei Anticorrupção Brasileira dispõe "sobre a responsabilização objetiva administrativa e civil de pessoas jurídicas pela prática de atos contra a administração pública, nacional ou estrangeira" (Brasil, 2013b), conforme redação do seu art. 1º, além de equiparar as organizações públicas internacionais à Administração Pública estrangeira, conforme o parágrafo 2º, art. 5º (Brasil, 2013b).

Sobre a responsabilização objetiva, vale dizermos que, do ponto de vista jurídico, diante da verificação do ato de corrupção por qualquer agente vinculado à empresa, esta deverá responder pela infração independentemente do dolo (vontade de praticar o ato) ou da culpa (negligência, imprudência ou imperícia), tanto do agente quanto dos membros da alta administração, bastando que o ato ilícito tenha sido tentado ou praticado em benefício da pessoa jurídica (Santos; Bertoncini; Costódio Filho, 2014, p. 54-56).

Ainda, podemos verificar que a Lei Anticorrupção Brasileira não é uma norma penal, mas sim uma norma que impõe a responsabilização da pessoa jurídica nas esferas cível e administrativa (Bittencourt, 2015, p. 32).

Quanto à responsabilização criminal, as condutas de corrupção passiva – praticadas por funcionários públicos – e corrupção ativa – praticadas por particulares – já estão previstas no Código Penal Brasileiro, nos arts. 317 e 333, cujas penas cominadas para ambos os casos são de reclusão de 2 a 12 anos e multa (Brasil, 1940). Sobre a corrupção ativa, inclusive, debatemos seus principais aspectos no terceiro capítulo desta obra.

Porém, diferentemente da forma de responsabilização das pessoas jurídicas na Lei Anticorrupção – que é objetiva –, a aplicação das sanções de ordem penal não admite a responsabilização objetiva do agente criminoso, ou seja, tais penas somente poderão ser aplicadas caso seja configurado o dolo na conduta delituosa – isto é, consciência e vontade de praticar o ato criminoso –, além, é claro, das demais elementares dos tipos penais em comento (Nucci, 2008, p. 74-75).

Com relação à responsabilização administrativa das pessoas jurídicas, a Lei Anticorrupção, em seu art. 6º, prevê as seguintes sanções: multa, que pode chegar ao valor correspondente a 20% (vinte por cento) do faturamento bruto da empresa, considerando o último exercício anterior ao da instauração do processo administrativo;

e a publicação da condenação nos meios de comunicação de grande circulação, editais no estabelecimento e nos locais de exercício da atividade e no próprio sítio eletrônico da empresa (Brasil, 2013b).

No que tange à responsabilização na esfera cível, ela será judicial e consistirá na obrigação de reparar, integralmente, o dano causado à Administração Pública, nacional ou estrangeira pelo ato ilícito, cujas sanções são expostas a seguir:

> I – perdimento dos bens, direitos ou valores que representem vantagem ou proveito direta ou indiretamente obtidos da infração, ressalvado o direito do lesado ou de terceiro de boa-fé;
> II – suspensão ou interdição parcial de suas atividades;
> III – dissolução compulsória da pessoa jurídica;
> IV – proibição de receber incentivos, subsídios, subvenções, doações ou empréstimos de órgãos ou entidades públicas e de instituições financeiras públicas ou controladas pelo poder público, pelo prazo mínimo de 1 (um) e máximo de 5 (cinco) anos. (Brasil, 2013b)

Vale mencionarmos que, caso se verifique um ato de corrupção em benefício de uma empresa, todas as sanções previstas nas esferas administrativa, cível e criminal poderão ser aplicadas de forma cumulativa (Brasil, 2013b).

Quanto aos atos lesivos à administração pública, nacional ou estrangeira, a Lei Anticorrupção Brasileira considera as seguintes condutas como atos de corrupção, nos termos dos incisos do art. 5º:

> I – prometer, oferecer ou dar, direta ou indiretamente, vantagem indevida a agente público, ou a terceira pessoa a ele relacionada;
> II – comprovadamente, financiar, custear, patrocinar ou de qualquer modo subvencionar a prática dos atos ilícitos previstos nesta Lei;

III – comprovadamente, utilizar-se de interposta pessoa física ou jurídica para ocultar ou dissimular seus reais interesses ou a identidade dos beneficiários dos atos praticados;

IV – no tocante a licitações e contratos:

a) frustrar ou fraudar, mediante ajuste, combinação ou qualquer outro expediente, o caráter competitivo de procedimento licitatório público;

b) impedir, perturbar ou fraudar a realização de qualquer ato de procedimento licitatório público;

c) afastar ou procurar afastar licitante, por meio de fraude ou oferecimento de vantagem de qualquer tipo;

d) fraudar licitação pública ou contrato dela decorrente;

e) criar, de modo fraudulento ou irregular, pessoa jurídica para participar de licitação pública ou celebrar contrato administrativo;

f) obter vantagem ou benefício indevido, de modo fraudulento, de modificações ou prorrogações de contratos celebrados com a administração pública, sem autorização em lei, no ato convocatório da licitação pública ou nos respectivos instrumentos contratuais; ou

g) manipular ou fraudar o equilíbrio econômico-financeiro dos contratos celebrados com a administração pública;

V – dificultar atividade de investigação ou fiscalização de órgãos, entidades ou agentes públicos, ou intervir em sua atuação, inclusive no âmbito das agências reguladoras e dos órgãos de fiscalização do sistema financeiro nacional. (Brasil, 2013b)

No âmbito do Poder Executivo Federal, a competência para a apuração, o processamento e o julgamento dos atos de corrupção descritos anteriormente é da Controladoria-Geral da União. No âmbito dos estados, do Distrito Federal e dos municípios, tal responsabilidade cabe à autoridade máxima de cada órgão ou entidade dos poderes Executivo, Legislativo e Judiciário, que agirá de ofício ou mediante provocação para a instauração e o julgamento de processo administrativo para apuração da responsabilidade de pessoa jurídica (Brasil, 2013b).

Ainda, cabe à autoridade máxima de cada órgão ou entidade pública a celebração do acordo de leniência com a empresa infratora, desde que ela colabore efetivamente com as investigações e o processo administrativo, identificando os envolvidos na infração e obtendo, de forma célere, as informações e os documentos que comprovem o ato ilícito sob apuração (Brasil, 2013b).

No âmbito do Poder Executivo Federal e no caso dos atos lesivos praticados contra a Administração Pública estrangeira, a Controladoria-Geral da União é o órgão competente para a celebração de acordo de leniência (Brasil, 2013b).

Os benefícios decorrentes do acordo de leniência são os seguintes: no âmbito administrativo, a não publicação da decisão condenatória e a redução de até 2/3 da multa, e no âmbito da responsabilização judicial, a isenção da proibição de receber incentivos, subsídios, subvenções, doações ou empréstimos de órgãos ou entidades públicas e de instituições financeiras públicas ou controladas pelo poder público (Brasil, 2013b).

Com relação ao programa de integridade, ou programa de *compliance*, a Lei Anticorrupção Brasileira estabelece que, caso ele seja considerado efetivo nos termos dos parâmetros determinados pelo art. 42 do Decreto n. 8.420/2015, poderá ser concedido o benefício de redução do valor da multa aplicada à empresa, bem como tal programa deve ser considerado na dosimetria da pena no momento da aplicação de sanções, com o intuito de reduzi-las (Brasil, 2015).

Dessa forma, podemos concluir que as penalidades prescritas pela Lei Anticorrupção são severas para as empresas e para os agentes que praticarem atos ilícitos. Não obstante a vigência dessa lei ser recente em termos históricos, a tendência é que a Administração Pública invista cada vez mais no aparelhamento dos órgãos de fiscalização e controle, a fim de potencializar o combate às práticas de corrupção e de oferecer um ambiente empresarial mais seguro e saudável, visando atrair mais investimentos internos e externos para promover a economia do país, o que certamente terá sensível impacto no desenvolvimento social nacional.

Como pudemos demonstrar, a corrupção não é um problema exclusivo do Brasil, mas sim um mal que afeta todo o mundo, sendo motivo de atenção e preocupação da comunidade internacional. Isso fica evidente se considerarmos o empenho dos organismos internacionais e de seus países-membros na elaboração e no reconhecimento das convenções de combate à corrupção, as quais determinam a adoção de medidas por parte dos Estados signatários para o enfrentamento conjunto do inimigo que lhes é comum.

Nem poderia ser diferente, conforme observamos do seguinte exemplo: se, em um país **A**, a corrupção ocorre em níveis elevados, uma empresa sediada em um país **B** e que atua no mercado do país **A**, embora tome as cautelas devidas, tem maior chance de ser envolvida em um caso de corrupção no país **A** e, assim, ser responsabilizada no país **B** (de origem) pelos atos de corrupção. Além disso, caso a empresa também atue em outros países que sejam dotados de leis anticorrupção, ela também responderá a esses outros Estados pelos mesmos fatos verificados no país **A**.

Como a responsabilidade normalmente é objetiva, e as multas impostas por essas leis são pesadas, os prejuízos financeiros decorrentes das condenações acabam atingindo patamares muito elevados. Sem contar os prejuízos decorrentes dos danos causados à imagem da corporação penalizada, os quais, a depender do caso, podem superar o valor das multas.

Ainda que tardiamente, o Brasil deu um passo importante ao editar e regulamentar a Lei Anticorrupção Brasileira, que se constitui em mais uma ferramenta de que dispõem os órgãos de investigação, fiscalização e controle para atuarem no combate à corrupção.

Conforme demonstramos, se esse instrumento legal for bem utilizado pelas autoridades responsáveis pela investigação, pelo processamento e pela aplicação das sanções, e se as empresas adotarem as medidas preventivas adequadas – implantação de programa de integridade – e a sociedade em geral se mantiver ativa na exigência de comportamentos íntegros, é possível experimentarmos, no Brasil, semelhantes resultados positivos ao exemplo do que ocorreu após a criação da FCPA nos Estados Unidos. Ou seja, poderíamos vivenciar em nosso país uma redução significativa no nível de corrupção, com todas as consequências benéficas verificadas em território americano após a implantação da lei FCPA.

Síntese

Nosso objetivo, neste capítulo, não foi fazer uma análise aprofundada da legislação sobre o tema da anticorrupção. Porém, apresentamos a você, ainda que de forma sucinta, as características dos principais documentos legais elaborados com o objetivo de combater a corrupção, demonstrando o contexto histórico e evolutivo de como tal tema foi – e está sendo – tratado em nível mundial, além de evidenciarmos os esforços dos atores globais nesse sentido.

Iniciamos com a análise da Lei Anticorrupção Norte-Americana (a *Foreign Corrupt Practices Act* – FCPA), criada ainda na década de 1970. Devido a seu caráter vanguardista, demonstramos que tal lei exerceu forte influência para a criação das demais normas anticorrupção em todo o mundo.

Depois, abordamos as principais convenções internacionais formuladas por organismos internacionais com o objetivo de combater a corrupção, as quais já foram referendadas pelo Congresso Nacional e ratificadas pelo Brasil: a Convenção Interamericana contra a Corrupção (que ocorreu no âmbito da OEA), a Convenção das Nações Unidas contra a Corrupção (promovida pela ONU) e a Convenção sobre o Combate da Corrupção de Funcionários Públicos Estrangeiros em Transações Comerciais Internacionais (pela Organização para a Cooperação e Desenvolvimento Econômico – OCDE).

Por fim, dedicamos a última parte deste capítulo para expor os principais aspectos da Lei n. 12.846/2013 (a Lei Anticorrupção Brasileira) e do Decreto n. 8.420/2015 (que regulamentou tal lei), abordando as condutas definidas como atos de corrupção, a forma de responsabilização das pessoas jurídicas e as principais sanções aplicadas aos casos de corrupção.

Para saber mais

BITTENCOURT, S. *Comentários à Lei Anticorrupção*: Lei 12.846/2013. 2. ed. São Paulo: Revista dos Tribunais, 2015.

Esse livro sobre a Lei Anticorrupção Brasileira e seu Decreto Regulamentador traz uma densa e abrangente pesquisa do autor, que desenvolve com maestria os artigos referentes a esses diplomas normativos, correlacionando os temas dos dispositivos legais com a doutrina, a jurisprudência e as súmulas correspondentes.

Questões para revisão

1) A quem se aplicam as sanções cominadas pela Lei Anticorrupção (Lei n. 12.846/2013) e qual é a forma de responsabilização dessa lei?

2) Nos termos do Decreto n. 8.420/2015, que regulamentou a Lei Anticorrupção, quais são os fatores que, se verificados, podem reduzir o montante da pena de multa?

3) A Lei Anticorrupção Brasileira considera as seguintes condutas como atos de corrupção, **exceto**:
   a. Fraudar licitação mediante ajuste.
   b. Prometer vantagem indevida a servidor público estrangeiro para o benefício de terceira pessoa.
   c. Manipular o equilíbrio econômico financeiro de contrato firmado com a Administração Pública.
   d. Sonegar rendimentos na declaração de Imposto de Renda de Pessoa Jurídica.
   e. Fazer pagamento a outra empresa concorrente para desistir da licitação.

4) De acordo com o Decreto n. 8.420/2015, que regulamentou a Lei Anticorrupção (Lei 12.846/2013), é correto afirmar que:
   a. Uma vez firmado o acordo de leniência, a Administração Pública não poderá mais revogá-lo, tendo em vista o direito adquirido da empresa e o ato jurídico perfeito.
   b. O apoio da alta administração da empresa ao programa de integridade, mesmo sendo superficial e duvidoso, não é impeditivo de que ele seja considerado efetivo pela Administração Pública.
   c. A empresa não é obrigada a admitir a sua participação no ato de corrupção para celebrar o acordo de leniência, pois ninguém é obrigado a produzir prova contra si mesmo, conforme determina a Constituição Federal.
   d. Todo acordo de leniência deverá conter uma cláusula que verse sobre o comprometimento da empresa com a adoção, a aplicação ou o aperfeiçoamento do programa de integridade.

e. Caso seja aplicada à empresa a sanção administrativa de multa por corrupção, basta que ela demonstre ter adotado o programa de integridade, mesmo não sendo tão efetivo, para que se beneficie da redução máxima da pena que essa causa de atenuação permite.

5) (MPE-PR – Promotor – 2014) Nos termos da Lei Anticorrupção (Lei nº 12.846/13), assinale a alternativa correta:
   a. As pessoas jurídicas serão responsabilizadas objetivamente, nos âmbitos administrativo e civil, pelos atos lesivos previstos na referida lei e praticados em seu interesse ou benefício, exclusivo ou não;
   b. A referida lei aplica-se aos atos lesivos praticados por pessoa jurídica brasileira contra a administração pública estrangeira, salvo se cometidos no exterior;
   c. A competência para a instauração e o julgamento do processo administrativo de apuração de responsabilidade da pessoa jurídica poderá ser delegada e, nas hipóteses taxativamente estabelecidas na referida lei, subdelegada;
   d. A celebração do acordo de leniência suspende o prazo prescricional dos atos ilícitos previstos na referida lei;
   e. Nas ações de responsabilização judicial, será adotado o rito previsto na Lei de Improbidade Administrativa (Lei 8.429/92).

Questões para reflexão

De acordo com o Relatório Mundial da Felicidade 2017*, elaborado pela ONU, a Noruega lidera o *ranking* das nações mais felizes do mundo entre os 155 países observados, seguida por Dinamarca, Islândia, Suíça e Finlândia. Os países menos felizes, por seu turno, são: Síria, Tanzânia, Burundi e, por último, República Centro-Africana. Já o Brasil ocupa a 22ª posição nessa lista. Para determinar a posição no *ranking*, a pesquisa da ONU levou em consideração seis fatores: a) o desempenho da economia, medido pela renda *per capita*; b) a expectativa de vida com saúde; c) o suporte à população por meio de políticas públicas; d) a liberdade de escolher e tomar decisões; e) a generosidade do povo; f) por fim, a percepção do nível de corrupção governamental e das empresas. No que tange ao fator da corrupção, há 73 posições entre o Brasil e a Noruega no *ranking* mundial de percepção da corrupção (Noruega é a 6ª colocada, e o Brasil, o 79º colocado), de acordo com o índice de 2016 publicado pela Transparência Internacional**, organização global contra a corrupção.

1) Com base nessas informações, relacione os motivos que levam os altos níveis de percepção de corrupção no Brasil, nos setores públicos e privados, a afetarem a felicidade dos brasileiros.

---

* Disponível em: <http://worldhappiness.report/wp-content/uploads/sites/2/2017/03/HR17.pdf>. Acesso em: 27 mar. 2018.
** Disponível em: <https://www.transparency.org/news/feature/corruption_perceptions_index_2016>. Acesso em: 27 mar. 2018.

2) Do mesmo modo, relacione os possíveis benefícios que poderiam ser percebidos pelos brasileiros com o aumento da confiança no governo e nas empresas, caso no Brasil se vivenciasse um nível de percepção de corrupção semelhante ao norueguês.

V

Programas de *compliance*: estrutura e objetivos

Conteúdos do capítulo:

» Significado do termo *compliance*.
» Aspectos gerais do programa de *compliance* e seus benefícios para a corporação.
» O funcionamento do programa de *compliance* como um sistema e sua influência na cultura organizacional.
» A especificação dos pilares formadores do programa de *compliance*.
» As funções e os objetivos de cada pilar estruturante do programa de *compliance* e suas interfaces.

Após o estudo deste capítulo, você será capaz de:

1. compreender o que significa *compliance*;
2. identificar as principais vantagens que o programa de *compliance* proporciona para a organização;

3. entender o funcionamento do programa de *compliance* e sua influência no comportamento das pessoas envolvidas com a empresa;
4. distinguir os pilares formadores do programa de *compliance* e a relevância que cada um deles tem para a efetividade do programa;
5. atuar como facilitador em apoio ao setor de *compliance* para a implantação, a manutenção e o aprimoramento do programa de *compliance*.

5.1 O significado do termo *compliance*

O termo *compliance* tem origem na língua inglesa e deriva do verbo *to comply*, que significa "agir em concordância com as leis, regulamentos e ordens". Assim, no mundo corporativo, a expressão designa o cumprimento de leis, normas e códigos de ética e de conduta, tanto no ambiente interno quanto no ambiente externo (Santos; Bertoncini; Costódio Filho, 2014, p. 187).

O legislador brasileiro, na Lei n. 12.846, de 16 de maio de 2013, conforme art. 7º, inciso VIII, utilizou o termo *integridade* como o correspondente na língua portuguesa ao termo *compliance*. Dessa forma, podemos depreender o sentido dessa palavra, com a qual pretende-se transmitir as seguintes ideias: agir com integridade, honestidade, transparência, em conformidade com princípios éticos, morais e legais, respeitando e cooperando com os demais colegas, em busca do bem comum.

5.2 Aspectos gerais do programa de *compliance*

O programa de *compliance* representa uma importante ferramenta de autorregulação das empresas e é criado e desenvolvido com base nas boas práticas corporativas. Ele incentiva condutas pautadas pela ética e visa prevenir a ocorrência de fraudes e de corrupção nas organizações, pois, se atos ilícitos como esses forem verificados na prática, eles certamente impactarão negativamente na imagem da companhia, causando prejuízos financeiros decorrentes de desvios de recursos, responsabilização civil pelos prejuízos causados e multas administrativas aplicadas pelo Poder Público, além da possibilidade da responsabilização civil e criminal dos seus dirigentes.

Assim, o programa de *compliance* objetiva influenciar positivamente o comportamento das pessoas, propiciando a implementação de uma cultura corporativa que valorize a ética nas relações interpessoais e institucionais, no âmbito interno e externo da organização, bem como promovendo condutas em conformidade com os regulamentos internos, externos e com as leis, proporcionando maior credibilidade para a empresa perante seus *stakeholders*.

A estruturação de um programa de *compliance* deve considerar os riscos de fraude e corrupção aos quais a empresa está exposta, denominados *riscos de compliance*, os quais serão trabalhados na fase de análise de riscos.

Em seguida, a organização deve desenvolver e implantar diversas medidas com o intuito de mitigar os riscos identificados, ou seja, de reduzir a probabilidade dessas ocorrências, por exemplo: elaboração de códigos de ética e conduta, criação de políticas e controles internos, desenvolvimento de um canal de denúncias, monitoramento e aprimoramento contínuos do programa.

Mas por que diminuir os riscos em vez de eliminá-los? Não seria preferível buscar meios de eliminá-los? Para responder a essas questões, recorremos a uma analogia que envolve uma situação simples do nosso dia a dia: o que uma pessoa pode fazer para eliminar o risco de ser assaltada na rua? A resposta é simples: basta não sair de casa. Dessa forma, ela nunca será assaltada na rua. Risco eliminado! Porém, essa solução não é viável, tendo em vista que todos precisam sair de casa para trabalhar, estudar, fazer compras, passear, enfim, viver a vida de acordo com padrões normais.

De outra forma, se é inviável eliminar o risco de assalto na rua, o que fazer para minimizá-lo? Para isso, é preciso adotar algumas medidas preventivas, reduzindo tal risco a níveis aceitáveis. Algumas possibilidades são: andar em locais mais movimentados; não caminhar sozinho e preferir estar em grupos; estacionar o carro em estacionamentos, em vez de parar na rua; desviar de áreas que apresentam maior risco de assaltos; evitar usar joias e relógios caros em locais públicos. Enfim, há uma série de medidas que podem ser adotadas para reduzir o risco de assaltos, as quais não inviabilizam que um sujeito leve naturalmente sua vida. Isso é *compliance*.

As empresas, por sua vez, precisam desempenhar diversas atividades para a consecução de seus objetivos, incluindo a obtenção de lucros. E cada atividade desenvolvida apresenta riscos de *compliance* correspondentes. Sob a ótica do exemplo citado, a única forma de uma empresa eliminar os riscos atrelados a determinada atividade é suprimindo a própria atividade. O grande problema é que essa solução não pode ser adotada sem comprometer a existência da própria empresa. É a esses casos que o programa de *compliance* se aplica, pois, por meio dele, os riscos das atividades das empresas podem ser devidamente identificados e, posteriormente, mitigados, reduzidos a níveis aceitáveis, que isso inviabilize a razão de ser da organização.

Destarte, os programas de *compliance* devem ser dotados de mecanismos que possibilitem a detecção da ocorrência dos ilícitos, bem como a adoção de medidas efetivas para corrigi-los, tanto por meio de alteração de processos internos constatados como falhos quanto pela aplicação de sanções disciplinares aos responsáveis por essas práticas ou de ambas as formas, dependendo do caso.

O programa de *compliance* deve ser encarado como um sistema que reúne um conjunto de processos, em nível macro, os quais são formados por uma gama de atividades lógicas, em nível micro, visando a um resultado específico.

Os processos desse sistema são inter-relacionados e interdependentes. Logo, o resultado do todo depende do resultado de cada um dos processos, sendo que a falha de um deles pode comprometer o resultado final do sistema, impedindo que o objetivo inicialmente apresentado seja alcançado.

Assim, para que o programa de *compliance* seja realmente efetivo e atinja o escopo da prevenção, detecção e correção de fraudes, deve cumprir com todos os requisitos dos processos que o compõem, os quais, em nível macro, denominamos *pilares de* compliance. São eles:

1. Apoio da alta administração (*tone from the top*).
2. Mapeamento e análise de riscos.
3. *Due diligence* de terceiros.
4. Políticas e controles internos.
5. Comunicação e treinamento.
6. Canal de denúncias.
7. Investigação e reporte.
8. Monitoramento, auditoria e revisão periódica.

Neste capítulo, abordaremos as principais características e funções desempenhadas por cada um desses pilares.

É importante observarmos que, não obstante os programas de *compliance* tenham a mesma estrutura, inexiste uma fórmula pronta para sua implementação. Além disso, é inviável implantar em uma empresa um programa desenvolvido com base na realidade de outra, tendo em vista que cada companhia tem características e particularidades próprias que devem ser consideradas para a elaboração do programa, tais como: tamanho da organização, estruturação interna, ramo de atuação, legislação aplicada às atividades desenvolvidas, tipo de público interno e externo e, principalmente, os riscos de *compliance* envolvidos, além de outras variáveis que diferenciam as necessidades de cada corporação.

Por isso, podemos afirmar que o programa de *compliance*, para que seja adequado e efetivo, deve ser desenvolvido "sob medida", considerando as necessidades específicas da empresa, pois são tais características que a tornam ímpar, ainda que em comparação com outra organização do mesmo ramo de atividade.

Evidentemente, a troca de experiências entre gestores de *compliance* de diversas empresas contribui para o desenvolvimento das boas práticas corporativas e, pontualmente, uma solução adotada para uma empresa pode se mostrar útil para outra. Apesar disso, antes da implantação dessa solução, devem ser feitos os devidos ajustes e adaptações necessárias para que a medida se amolde à realidade de cada organização.

Assim, podemos afirmar que a adoção de um programa de *compliance*

> *envolve questão estratégica e se aplica a todos os tipos de organização, visto que o mercado tende a exigir cada vez mais condutas legais e éticas, para a consolidação de um novo comportamento por parte das empresas, que devem buscar lucratividade de forma sustentável, focando no desenvolvimento econômico e socioambiental na condução dos seus negócios.* (Ribeiro; Diniz, 2015, p. 88)

A implantação do programa de *compliance* pode ocorrer por meio de uma equipe exclusivamente formada por funcionários da empresa ou, então, como é mais comumente verificado, com o auxílio de uma consultoria especializada contratada pela organização. Em ambos os casos, é preciso que a companhia destaque um funcionário para liderar o processo de implantação, o qual, normalmente, será o responsável pelo gerenciamento do programa após implantado e pelo do futuro departamento de *compliance* (Giovanini, 2014).

Caso a empresa contrate uma consultoria especializada para auxiliar no processo de implantação, o líder selecionado será a ponte entre a organização e os consultores externos, além de ser a pessoa responsável por coordenar, juntamente com os consultores, a execução das atividades de implantação, atuando diretamente nos processos e procedendo à divisão das responsabilidades e das atividades correspondentes aos demais setores.

Logo, a companhia poderá adotar uma solução externa, por meio da contratação de uma consultoria especializada, ou interna (solução caseira) para a implantação do programa. Porém, observamos que essa última opção somente será recomendável se a instituição tiver em seu quadro de funcionários uma pessoa (ou mais de uma) com conhecimento e experiência em programas de *compliance* e em legislação anticorrupção.

Ao longo de todo esse processo, é imprescindível o envolvimento de todos os setores e departamentos da empresa, pois somente assim será possível estruturar um programa de *compliance* adequado às necessidades da instituição e que seja efetivo no que tange à obtenção dos resultados positivos.

Dessa forma, o responsável por liderar a implantação desse sistema terá grande responsabilidade pelo êxito do programa, tanto na fase de implantação quanto nas fases de desenvolvimento e manutenção. Por isso, é importante mencionarmos algumas características que devem se aplicar à pessoa escolhida para executar essa relevante missão.

Primeiramente, é recomendável que o líder de *compliance* seja uma pessoa com certa maturidade e ampla experiência de vida e profissional, tendo em vista os desafios que lhe serão apresentados ao longo do processo, principalmente na fase inicial (Giovanini, 2014).

Além disso, é importante que essa pessoa tenha as seguintes características: capacidade de liderança e gerenciamento de pessoas; ótimo nível comunicativo; habilidade de convencer e influenciar os demais; aptidão para o gerenciamento e para a solução de conflitos; segurança para tomar decisões; credibilidade entre os pares; reputação ilibada; comportamento ético; proatividade; conhecimentos em sistemas de gestão, em ferramentas de qualidade e dos negócios e processos da empresa (Giovanini, 2014).

Como podemos perceber, o responsável pelo programa de *compliance* deve ser uma pessoa bem qualificada para executar a ampla gama de incumbências que decorrem desse cargo, cujas dez missões principais, conforme compilado por Walter Giovanini (2014), são as seguintes:

1. Garantir a implementação e a manutenção de um Programa de Compliance;
2. Projetar e construir um Departamento de Compliance de alta performance;
3. Garantir a disseminação do tema Compliance de forma apropriada a todos os níveis da empresa;
4. Garantir um fluxo de informações adequado na empresa, de modo a promover que eventuais violações de leis e códigos internos sejam prontamente reportadas ao Compliance;
5. Promover treinamentos customizados, relacionados a Compliance, para as diversas funções da empresa;
6. Atuar com foco na prevenção, visando mitigar riscos de problemas de Compliance;
7. Garantir que toda alegação seja investigada e, se comprovada, medidas de correção sejam prontamente implementadas;

8. Ser um consultor confiável em questões relacionadas a Compliance;
9. Promover a empresa interna e externamente e contribuir na busca de um ambiente de negócios isento de corrupção;
10. Apoiar e alavancar os negócios, agregando valor à empresa dentro de sua área de atuação. (Giovanini, 2014, p. 121)

Assim, podemos verificar que, independentemente da maneira (interna ou externa) pela qual o programa de *compliance* será implantado – o que dependerá da realidade de cada empresa –, grande parte dos resultados que a empresa pretende atingir decorrerá do perfil de líder escolhido. Por isso enfatizamos a relevância e o cuidado que a companhia deve adotar no momento de designar a pessoa que comandará essa longa empreitada.

5.3 Principais vantagens geradas pelo programa de *compliance*

Quais são as vantagens de uma empresa adotar um programa de *compliance*? Esse questionamento é bastante amplo e, por isso, não pretendemos esgotá-lo, tendo em vista que esse não é nosso objetivo. De todo modo, abordaremos as vantagens mais visíveis e imediatas proporcionadas às companhias que optam pelo desenvolvimento de um sistema dessa natureza.

Primeiramente, por meio desse programa, será possível à empresa conhecer quais são os riscos aos quais está exposta, bem como classificar o potencial de dano que tais riscos podem causar e identificar os respectivos níveis de probabilidade de ocorrência.

De posse desses dados, a empresa poderá desenvolver políticas e controles internos que permitam a mitigação de tais riscos, evitando-se, assim, as consequências negativas deles provenientes, as quais normalmente se traduzem em prejuízos financeiros e à imagem da organização, o que contribui para aumentar os custos de operação e, com efeito, reduzir o faturamento.

A melhora na imagem da empresa é outro efeito importante que decorre da implantação de um programa de *compliance* efetivo, o qual possibilita o aumento da credibilidade da organização perante seus funcionários, parceiros e clientes, tornando-a mais competitiva em face de seus concorrentes, tanto com relação à realização de mais negócios quanto à atração de melhores funcionários para compor seus quadros.

Além disso, caso seja responsabilizada por qualquer ato de corrupção, se demonstrar a existência de um programa de *compliance* bem estruturado e efetivo, a empresa poderá se beneficiar com a redução da multa administrativa imposta pelo Poder Público, que pode chegar ao patamar de 20% do faturamento bruto anual ou a R$ 60 milhões – caso a empresa não possua nenhum programa de integridade, aliado a outros fatores (Brasil, 2013b).

Igualmente, as empresas dotadas de um programa de *compliance* efetivo são capazes de experimentar a redução dos custos operacionais e o aumento da sua competitividade em relação aos concorrentes; além disso, podem agregar valor à marca e à imagem, uma vez que "num mundo em constante transformação, a nova leva de consumidores tende a ser altamente crítica e a adquirir não somente produtos e serviços, mas valores e comportamentos sustentáveis, além de seus efeitos em termos de confiança pública nacional e internacional" (Ribeiro; Diniz, 2015, p. 94).

Obviamente, a implantação e a manutenção do programa de *compliance* exigirão da empresa a disponibilização de recursos físicos e humanos, além de investimento financeiro. Porém, os eventuais prejuízos decorrentes de fraudes e/ou de eventual prática de corrupção, certamente, são muito maiores, conforme dados que indicamos no decorrer desta obra (Serpa, 2016).

Fazendo uma analogia, é como se uma pessoa, ao comprar um carro novo, optasse por não fazer o seguro do veículo, considerando o valor a ser pago (correspondente a 5% do valor do bem) muito alto e as probabilidades de acidente e furto, baixas. Na hipótese de não haver sinistro, essa pessoa terá economizado esses 5%; porém, caso haja um acidente ou furto do veículo, as perdas poderão atingir 100% do valor do bem. Ou seja, nesse caso, a economia pode gerar um prejuízo 20 vezes maior.

É oportuno e digno de nota, ao menos pelo ineditismo, lembrarmos que nos últimos tempos temos vivenciado no Brasil, conforme noticiado em diversos meios de comunicação, uma forte atuação das instituições governamentais de investigação, controle e fiscalização – Polícias Judiciárias, Ministério Público e Poder Judiciário – no combate às fraudes e à corrupção. Tais instituições têm desbaratado esquemas promíscuos que há muito tempo estavam arraigados na relação entre os setores público e privado. As ações dessas organizações têm contribuído para levar corruptos e corruptores – agentes públicos, políticos e executivos de grandes corporações – à cadeia.

Também temos acompanhado diversas empresas brasileiras de grande porte dos ramos de construção civil e alimentos sendo responsabilizadas por atos de corrupção e, com efeito, vêm amargando enormes prejuízos financeiros em multas, ações judiciais de reparação de danos ao erário, cancelamentos de contratos, danos incalculáveis à imagem, perda da credibilidade, quedas nas vendas etc. Ainda, por força dos vultosos prejuízos sofridos, algumas empresas foram obrigadas a pedir a recuperação judicial ante a dificuldade de honrar compromissos, chegando à beira da falência.

Os reflexos positivos do combate à corrupção, mesmo no curto prazo, já começaram a aparecer: além do desmonte dos nefastos esquemas ilícitos, é fato público e notório que algumas empresas têm feito acordos de leniência com o Poder Público para continuarem operando em suas atividades e evitarem a falência. Nesses acordos, além do pagamento de pesadas multas e de ressarcimentos dos prejuízos, as empresas se obrigam a implementar programas efetivos de *compliance*, os quais são submetidos aos órgãos públicos de controle para avaliação. Obviamente, se o não cumprimento das exigências for constatado, os acordos perderão a validade e, muito provavelmente, as empresas terão poucas chances de continuar existindo.

A maior empresa brasileira – a Petrobras –, que foi vítima de casos de corrupção em sua política de relacionamento com terceiros, passou a exigir dos fornecedores a demonstração objetiva de integridade (Petrobras, 2015) – o que, a nosso ver, somente pode ser possível por meio de um programa de *compliance*.

O Banco Nacional de Desenvolvimento Econômico e Social (BNDES) – o maior banco de financiamento de investimentos de longo prazo do Brasil –, que disponibiliza créditos com juros subsidiados, passou a incluir nos contratos de concessão de crédito o condicionamento ao desembolso das respectivas parcelas se for evidenciado o não envolvimento do financiado em casos de corrupção.

Todos os fatos que acabamos de narrar denotam que houve uma mudança de paradigmas. A sociedade brasileira como um todo vive um novo momento, seja pela inovação legislativa, seja pela atuação mais vigorosa das instituições públicas investigativas, de fiscalização e controle no combate à corrupção ou, ainda, pelas novas exigências do mercado. E esse novo contexto, ao que parece, é um caminho sem volta.

No mundo corporativo, por exemplo, atuar com integridade, incentivar e exigir comportamentos éticos de funcionários e parceiros são condutas que deixaram de representar um diferencial competitivo e passaram a integrar a nova ordem do mercado. Em outras palavras, agir dentro da ética se tornou uma obrigação imposta aos atores desse ambiente, os quais precisam assimilar rapidamente as novas regras do jogo, para promoverem os ajustes adequados e se adequarem a esse novo cenário, sob pena de comprometerem, até mesmo, a sobrevivência das empresas das quais fazem parte.

5.4 Pilares do programa de *compliance*

A seguir, apresentamos em detalhes os pilares que compõem o programa de *compliance*, os quais se constituem em características extremamente necessárias para que a implantação desse sistema ocorra de forma efetiva e contribua para trazer os resultados positivos esperados pelas organizações.

5.4.1 Apoio da alta administração (*tone from the top*)

O apoio da alta administração, incluindo-se o corpo diretivo e o conselho da empresa, é talvez o principal responsável pelo sucesso ou insucesso do programa de *compliance*, principalmente porque ele permeia e influencia todos os demais pilares indispensáveis para que o programa de integridade se mostre bem estruturado e apresente resultados efetivos.

O desenvolvimento do programa de *compliance* se torna possível a partir da decisão da alta administração de implantá-lo na empresa e do apoio irrestrito que ela empresta ao respectivo setor, para que este possa agir no sentido de materializar o programa de integridade.

O apoio efetivo da alta administração ao programa facilitará a inclusão da nova cultura de *compliance* dentro da organização, bem como a adesão e a colaboração dos *stakeholders* para com o programa, o que é vital para seu sucesso.

Após a opção pela implantação desse sistema, a alta administração deverá promover as condições necessárias à criação do setor responsável pelo *compliance*, por meio da alocação de recursos financeiros e humanos necessários para tal estruturação.

Após o setor de *compliance* ser estruturado, a administração deverá conceder ao profissional que coordenará o processo de implantação a autonomia e a independência necessárias para o exercício de suas funções durante e após a fase de desenvolvimento do programa.

Podemos citar algumas ações que demonstram, na prática, o apoio e o comprometimento dos membros da cúpula da companhia com o programa e com o setor que o implementará:

» permissão da participação do gestor de *compliance* nas reuniões do conselho e/ou corpo diretivo e atenção com recomendações desse funcionário, as quais devem ser consideradas na tomada de decisões;

» exaltação e incentivo ao cumprimento das normas do código de ética durante a realização de discurso de abertura em qualquer evento promovido pela companhia – reuniões, treinamentos, comemorações;

» demonstração de apoio visível e inequívoco às investigações das denúncias e aplicação, quando for o caso, das medidas disciplinares pertinentes;

» existência de um canal de comunicação aberto e acessível entre o líder de *compliance* e a alta administração da empresa.

Além disso, mais altos cargos administrativos devem ser os primeiros a agir dentro dos limites estabelecidos pelas normas do código de ética e de conduta da empresa, além de incentivarem que os demais o façam.

É essencial, portanto, que o corpo gestor demonstre, sempre de forma visível e inequívoca, que apoia e pratica todos os valores adotados pela companhia, tais como a honestidade, a integridade, o respeito, a lealdade e transparência, conforme o respectivo código de ética e de conduta.

Vale lembrarmos que todas as ações promovidas pelos membros da direção que demonstrem apoio ao programa de *compliance* devem ser documentadas sempre que possível (por meio de vídeos, cartas, memorandos, ofícios, atas de reuniões etc.), a fim de comprovar, clara e objetivamente, o cumprimento dos requisitos desse pilar.

É inegável que a postura daqueles que estão no topo hierárquico da empresa influencia sobremaneira o comportamento dos integrantes da estrutura hierárquica inferior. Assim, visto que o programa de *compliance* envolve mudanças de paradigmas antigos, a criação de uma nova cultura organizacional e a adoção de novos comportamentos das pessoas, é natural que ocorram resistências em relação à sua adesão, o que pode ser minimizado se a cúpula administrativa da empresa demonstrar comportamentos que representem aceitação e apoio às mudanças.

A esse respeito, Giovanini (2014) comenta, de forma bem didática, o poder do exemplo, ao pontuar que o discurso deve se igualar à ação. Imaginemos o exemplo de um pai que aconselha o filho adolescente a nunca fumar cigarro, devido ao mal que esse produto causa à saúde. Contudo, enquanto dá o conselho ao filho, o pai segura um cigarro aceso na mão. Ora, certamente esse exemplo de comportamento dado pelo pai vai acabar exercendo mais influência sobre o filho do que as palavras contrárias ao consumo do cigarro.

Diante dessa analogia, podemos afirmar que as condutas do presidente e dos diretores da corporação exercem influência marcante no comportamento das demais pessoas que atuam na empresa. Eles estimulam o respeito às normas internas e o comprometimento com os objetivos da instituição e com o programa de *compliance*.

Dito isso, quão prejudicial seria um diretor de uma empresa solicitar a um de seus gerentes que resolva determinada situação de modo a obter vantagem à empresa em detrimento das normas legais? Para exemplificar: uma empresa do ramo do varejo finaliza a montagem de uma filial; porém, a prefeitura da cidade ainda não lhe concedeu o alvará de funcionamento liberando o início das atividades. Mesmo assim, o diretor da empresa, contrariando a recomendação do setor de *compliance*, determina ao gerente da loja que comece a operar.

Ao dar uma ordem ilícita ao gerente, o diretor compromete o sucesso e a efetividade do programa de integridade, macula a imagem da empresa perante os funcionários, além de estimular condutas contrárias à lei e às normas éticas, influenciando negativamente o comportamento dos subordinados.

Assim, posturas como essa devem sempre ser evitadas e combatidas, pois transmitem a mensagem de que os valores da empresa e as regras de ética e boa conduta não têm valor prático, comprometendo o engajamento das pessoas com o programa de integridade e elevando o risco da ocorrência de fraudes internas, de práticas de atos corrupção e de prejuízos financeiros à instituição.

Isso demonstra o quão importante é o apoio da alta administração para o sucesso do programa de *compliance*. Por isso, os integrantes dessa esfera devem ser os primeiros a evidenciar o apoio inequívoco às diretrizes do programa, por meio de suas decisões e ações.

5.4.2 Mapeamento e análise de riscos

Para facilitar a compreensão desse tema, vamos iniciar estabelecendo duas premissas:

» **Premissa 1**: todas as atividades empresariais envolvem riscos que lhes são inerentes.

» **Premissa 2**: risco é a probabilidade da ocorrência de um fato ou evento danoso. Logo, se o risco está relacionado a dano, e o dano está relacionado ao prejuízo, então, podemos dizer que o risco também está relacionado ao prejuízo.

Se o prejuízo não faz bem à empresa, então, o risco também não faz. Logo, é preciso eliminá-lo. Mas, como isso poderia ser feito, se os riscos são inerentes à atividade empresarial?

Nesse caso, como já mencionamos, a única forma de eliminar o risco da atividade é suprimir a própria atividade empresarial. Contudo, essa solução pode inviabilizar a própria empresa. Então, qual seria a melhor saída?

Como o risco é uma probabilidade, e esta é uma variável, é preciso encontrar a forma adequada para reduzi-la e, ao final, minimizar as chances da ocorrência de fatos ou eventos danosos aos níveis mais baixos possíveis, mantendo a atividade da empresa.

O primeiro passo para atingir esse objetivo é levantar quais são os riscos inerentes às atividades da organização e mapeá-los. Em um segundo momento, conhecendo as ameaças existentes, faz-se necessário analisá-las uma a uma quanto à probabilidade de ocorrência (alta, média ou baixa), bem como em relação ao potencial de dano de cada risco (alto, médio ou baixo).

Quando o programa de *compliance* é implementado, é recomendável à empresa focar apenas nos riscos identificados como de alta probabilidade de ocorrência e, simultaneamente, de alto potencial de dano. Os demais devem ser incluídos no escopo do programa à medida que este for evoluindo, evitando-se, assim, sobrecarregar o sistema que ainda não está operando em totalidade – essa sobrecarga poderia inviabilizá-lo.

Dependendo do porte da empresa, é de se esperar que já exista um setor responsável pela detecção dos riscos; nesse caso, o setor de *compliance* deverá se valer das informações já levantadas para determinar quais riscos farão parte do escopo do programa.

Caso a empresa não tenha um órgão interno ou uma auditoria externa responsável pela análise de riscos, caberá ao profissional de *compliance* realizar esse mapeamento, o que deverá ser feito em conjunto com os responsáveis pelos demais setores da empresa (recursos humanos, financeiro, *marketing*, comercial, jurídico etc.), por meio de reuniões e entrevistas em que se buscará identificar os riscos inerentes a cada setor, considerando as normas internas e a legislação que incide sobre as atividades da companhia.

Uma dica interessante é que o profissional responsável pelo *compliance*, antes dessa reunião, faça uma entrevista individual com cada líder de setor, estimulando-os com perguntas e anotando os principais pontos da conversa, o que contribuirá para detectar os riscos atrelados a cada área da empresa.

Outra questão relevante que deve sempre ser considerada é a contratação de terceiros. Dependendo do tipo dos serviços terceirizados, poderá haver incremento no risco da empresa, pois, como informamos anteriormente, a Lei Anticorrupção Brasileira adotou a responsabilização objetiva; assim, qualquer conduta descrita pela lei praticada por terceiro em benefício da empresa contratante ensejará a responsabilização da organização.

Após o levantamento dos riscos da empresa, é necessário classificá-los em ordem crescente, uns em relação aos outros, de acordo com a probabilidade da ocorrência de cada um e com o potencial de dano financeiro e à imagem da empresa que tais riscos podem gerar.

Se, por exemplo, forem detectados nove riscos, será preciso dividi-los de acordo com os seguintes graus: baixo, médio e alto, primeiramente em relação à probabilidade da ocorrência, depois quanto ao impacto que o risco pode gerar.

Após essa categorização, o setor de *compliance* deverá se ocupar inicialmente com os riscos de alta probabilidade e alto potencial de dano concomitantemente, sem que isso implique o descarte dos demais riscos existentes considerados de nível médio ou baixo.

Assim, cada setor terá conhecimento dos riscos aos quais está exposto. Isso possibilitará que os colaboradores tenham uma atenção maior a tais riscos, mesmo que os setores em que eles trabalham não estejam necessariamente sendo objeto de análise do programa de integridade.

Após o setor de *compliance* selecionar os riscos com os quais deve trabalhar, estes devem ser documentados para que, posteriormente, seja promovida uma discussão que aborde quais medidas deverão ser adotadas para mitigá-los, o que se dará na fase da criação de políticas e de controles internos.

Quanto à periodicidade, o mapeamento e a análise dos riscos podem ocorrer anualmente, salvo em situações específicas que exigem o levantamento dos riscos antes do período preestabelecido, como quando a empresa resolve lançar um novo produto no mercado, passa a desenvolver uma nova atividade ou decide atuar em outro Estado ou país. Assim, cabe ao setor de *compliance* estar atento e realizar o mapeamento e a análise dos riscos sempre que for necessário, sem se prender à periodicidade determinada.

É sempre importante que o setor de *compliance* acompanhe e analise os resultados das medidas adotadas para a mitigação dos riscos, a fim de verificar se o objetivo proposto pelo programa está sendo alcançado satisfatoriamente. Assim, se o sistema não estiver funcionando adequadamente, os responsáveis pelo programa poderão providenciar os ajustes necessários – conforme abordaremos na Seção 5.4.9, sobre monitoramento e auditoria interna.

Por fim, vale dizermos que o setor de *compliance* deve envolver a alta administração da empresa nessa fase de mapeamento e análise dos riscos, por meio de reuniões ou envio de relatórios, no intuito de conscientizar seus membros acerca das consequências que determinados riscos podem trazer à empresa. Certamente, isso contribuirá para o apoio na fase do desenvolvimento e da implantação das políticas internas.

5.4.3 Códigos de ética e de conduta

Quando a organização elabora os seus códigos de ética e de conduta, ela está, na verdade, criando uma das diversas políticas internas.

Não obstante, tendo em vista a relevância e influência que tais normas – códigos de ética e de conduta – exercem sobre a criação das demais políticas da empresa e sobre o programa de integridade como um todo, abordaremos a seguir as questões pertinentes aos códigos de ética e de conduta de forma destacada das demais políticas internas, as quais serão tratadas, especificamente, na Seção 5.4.5 deste capítulo.

Os códigos de ética e de conduta são documentos normativos internos elaborados de acordo com a realidade da empresa, os quais prescrevem e asseguram os parâmetros e a direção dos agentes e do programa de *compliance*.

É válido mencionarmos que no código de ética devem estar relacionados os valores da empresa. Quanto ao código de conduta, espera-se que ele apresente a maneira como os empregados, os terceirizados e a alta administração devem agir diante de situações específicas, além das penalidades disciplinares no caso de transgressão das respectivas normas da empresa – as quais podem prescrever advertência, suspensão e, até mesmo, demissão do infrator, para casos em que o ato ilícito é cometido por funcionários, bem como o descredenciamento e a rescisão contratual, em situações nas quais a infração é cometida por um terceirizado.

Conforme orienta Giovanini (2014), os códigos de conduta são compostos por diversos temas, entre os quais estão:

» *Atendimento à legislação.*
» *Zelo pela imagem da empresa.*
» *Conflito de interesse.*

» *Relações com "stakeholders", em particular com os Parceiros Comerciais, clientes, fornecedores e o mercado.*
» *Segurança da informação e propriedade intelectual.*
» *Conformidade nos processos e nas informações.*
» *Assuntos específicos e relevantes, como proteção ambiental; saúde e segurança do trabalho; confidencialidade; respeito; honestidade; integridade; proibição à retaliação; combate a práticas ilícitas: corrupção, lavagem de dinheiro, fraudes, desvios da concorrência leal, trabalho escravo, mão de obra infantil, assédio sexual, assédio moral e discriminação; entre outros.*
(Giovanini, 2014, p. 138)

As regras do código de conduta devem ser elaboradas considerando os valores éticos adotados pela companhia (como transparência, lealdade, respeito e honestidade), a legislação aplicável e os principais riscos detectados e mapeados pelo setor de *compliance*.

Assim, a elaboração dos citados códigos tem a função, também, de transmitir o amplo e irrestrito conhecimento dos valores da empresa a todos os públicos que com ela se relacionam, sejam internos ou externos.

Em que pese os códigos de ética e de conduta terem escopos diversos – enquanto o primeiro está focado na eleição dos valores máximos da empresa, e o segundo visa à padronização do modo de agir dos *stakeholders* –, não há objeção de que ambos façam parte de um mesmo documento. Aliás, é muito comum verificarmos na prática a união desses dois documentos em um só.

Ao se redigir as regras dos códigos de ética e de conduta, é preciso ter muita atenção para que a redação seja clara e acessível aos diversos públicos que se pretende atingir, pois tais normas devem ser compreendidas por todos aqueles que as lerem, considerando os diversos níveis de educação e conhecimento dos destinatários.

Dessa forma, por meio da elaboração desses códigos, a empresa conseguirá atingir os principais objetivos pretendidos de maneira mais célere e eficiente, quais sejam: o desenvolvimento da cultura ética no ambiente corporativo, a padronização das condutas de acordo com as boas práticas empresariais e a consequente mitigação dos riscos de *compliance*.

5.4.4 *Due diligence* de terceiros

A expressão due diligence *de terceiros*, amplamente utilizada no meio empresarial, pode significar a adoção da devida diligência prévia à realização de um negócio com parceiros, além do monitoramento periódico do desenvolvimento das atividades específicas e contratadas, visando mitigar os riscos de *compliance* identificados.

Como já comentamos, a Lei Anticorrupção Brasileira prevê a responsabilização objetiva da pessoa jurídica para os casos de corrupção. Logo, de nada adianta a empresa tomar todos os cuidados necessários no âmbito interno para evitar a prática de atos ilícitos se não fizer o mesmo também em relação aos parceiros comerciais, tendo em vista que, para os delitos que qualquer agente terceiro praticar em benefício da empresa contratante, a responsabilização também recairá sobre a organização.

Quando mencionamos *terceiros*, queremos nos referir a qualquer fornecedor de serviços ou de produtos da empresa, tais como escritórios de contabilidade e advocacia, despachantes, locadores de mão de obra, representantes comerciais, fornecedores de matérias-primas, empresas parceiras em consórcios criados com finalidades específicas, entre tantos outros. A Lei Anticorrupção Brasileira não diferencia os atos praticados pela empresa ou por seus parceiros ou intermediários.

Assim, antes da contratação de qualquer terceiro, é preciso identificar os riscos envolvidos, mensurá-los quanto ao potencial de dano e definir a estratégia a ser adotada para a investigação do parceiro comercial quanto ao seu histórico de relacionamentos com outras instituições e, quando for o caso, com as entidades públicas.

Quando os riscos identificados representarem baixo potencial de dano, as pesquisas que permitirão verificar tais aspectos poderão ser desenvolvidas por algum setor interno da empresa contratante, por meio de buscas na rede mundial de computadores para a pessoa jurídica que se deseja contratar ou para os nomes dos sócios e dos administradores.

Entretanto, quando se tratar de atividade de alto risco de *compliance*, como é o caso da contratação de um terceiro para representar a empresa perante órgãos públicos, o contratante precisa ter muito mais cautela, tanto antes da contratação quanto durante a vigência do contrato. Nessa situação, as pesquisas para identificar aspectos como riscos envolvidos, potencial de dano e histórico de relacionamentos poderão ser realizadas por uma empresa especializada em auditoria, a qual terá autonomia e independência para recomendar ou rejeitar a contratação.

Outra situação que merece muita atenção é quando a negociação envolver a fusão, a incorporação, a cisão e a aquisição de outras empresas, tendo em vista que a companhia sucessora responderá por todos os ilícitos praticados por agentes das pessoas jurídicas preexistentes antes das citadas operações negociais.

Se durante a investigação do futuro parceiro comercial for verificado algum *red flag* – sinal de alerta –, não significa, de antemão, que a parceria não poderá ser firmada. Mas tal investigação, quando for o caso, deverá ser aprofundada, na intenção de relevar a real dimensão do risco existente. Depois desse processo, a contratação desse parceiro poderá ou não ser deliberada.

Tal situação pode ser ilustrada pelo seguinte exemplo: uma Empresa A, ao realizar a *due diligence* em relação à Empresa B, que pretende contratar, verifica nos registros do banco de dados da

Controladoria-Geral da União que essa organização foi penalizada pela prática de ato de corrupção. Ao solicitar explicações à Empresa B sobre esse fato, a Empresa A verifica que, após a aplicação da penalidade, a Empresa B adotou todas as medidas necessárias para evitar a ocorrência de novos atos de corrupção e, inclusive, desenvolveu um programa de *compliance* consistente e efetivo. Logo, o departamento de *compliance* da Empresa A, diante das justificativas apresentadas, opina pela contratação da Empresa B.

Esse caso hipotético demonstra que é preciso ter clareza antes de se opinar pela não contratação de um parceiro ante a um sinal de alerta, principalmente quando se trata de um terceiro que atua em um ramo em que existem poucos concorrentes – sob pena de, desnecessariamente, inviabilizar um negócio.

A avaliação prévia dos parceiros, portanto, consiste na investigação e no levantamento de informações sobre eles, as quais, a depender do caso concreto, devem conter os seguintes dados (Giovanini, 2014, p. 160): "Tempo de existência no mercado; credibilidade e imagem; missão e valores; ética no mercado; histórico da empresa nos anos anteriores; capacidade de investimento; recursos humanos; projetos já desenvolvidos".

Além disso, entendemos ser importante a verificação do futuro parceiro quanto à sua situação fiscal, quanto a processos junto ao Poder Judiciário, à existência de processos administrativos de investigação por fraude e/ou corrupção junto aos órgãos de controle e, caso seja necessário, ao registro da devida justificação por parte da empresa a ser contratada.

É importante lembrarmos que os dados da *due diligence* devem ser registrados e arquivados pela empresa contratante por, pelo menos, cinco anos após a finalização da parceria, visando comprovar, caso seja necessário, que tal requisito para a efetividade do programa de *compliance* foi rigorosamente cumprido.

Ao formalizar a parceria, por meio de um contrato escrito, a organização contratante, além das cláusulas contratuais referentes ao objeto e às obrigações das partes, deve incluir: uma cláusula anticorrupção, segundo a qual o contrato poderá ser rescindido caso o parceiro seja envolvido em caso de corrupção; uma cláusula de obrigação do cumprimento irrestrito, pelo terceiro, às leis e aos preceitos dos códigos de ética e de conduta da contratante; uma cláusula prevendo a possibilidade da realização de auditoria por parte da contratante, no caso de verificação de conduta inadequada por parte da empresa contratada.

Após a contratação da empresa parceira, a realização da *due diligence* deve ocorrer periodicamente durante a consecução do contrato. Tal periodicidade dependerá dos riscos envolvidos, sendo que, para as parcerias que envolvem maiores riscos de *compliance*, o intervalo de tempo da *due diligence* deve ser reduzido (por exemplo: bimestral, trimestral etc.), ao passo que, se os riscos identificados forem considerados baixos, o lapso temporal para a realização da *due diligence* poderá ser mais dilatado (por exemplo: semestral, anual etc.).

Assim, podemos concluir que a *due diligence* de terceiros consiste em uma importante ferramenta de *compliance*, que atua de forma preventiva no combate às fraudes e aos atos de corrupção, pois permite à contratante o acesso às informações sobre a reputação do eventual parceiro a ser contratado, possibilitando uma análise objetiva dos riscos existentes antes de optar ou não pela contratação.

5.4.5 Políticas e controles internos

A criação e a aplicação das políticas e dos controles internos demonstram que a empresa adotou, efetivamente, o programa de *compliance*, bem como que está agindo corretamente no sentido de mitigar os riscos de *compliance* detectados.

As políticas internas devem ser congruentes com as normas dos códigos de ética e de conduta, tendo em vista que é por meio de tais políticas que essas normas serão colocadas em prática no dia a dia da empresa.

Desse modo, as políticas desenvolvidas funcionarão como a diretriz que orientará a tomada da decisão mais acertada pelos colaboradores da instituição diante das situações que se lhes apresentarem, pois são essas políticas que deixarão claros os objetivos pretendidos pela companhia com relação a determinados assuntos e atividades, e os funcionários terão consciência de qual tipo de comportamento é desejável pela empresa (Gonçalves, 2012).

Ao elaborar as políticas e os controles internos, a organização deve considerar todas as leis e os regulamentos que incidem nas atividades desempenhadas pela empresa e por seus parceiros comerciais, além dos objetivos, dos riscos de *compliance* identificados e de suas interfaces, bem como das normas prescritas nos códigos de ética e de conduta.

Assim, todas as políticas internas da empresa devem ser desenvolvidas para cada setor específico, documentadas e escritas em linguagem clara e estarem sempre acessíveis para consulta, para que os destinatários das políticas possam recorrer a elas quando acharem necessário.

Do mesmo modo, é preciso dar ampla publicidade às políticas internas da empresa, o que poderá ocorrer por meio de divulgação de material na internet ou de campanhas de treinamentos específicos. Enfim, essa divulgação das políticas internas pode ser realizada da forma mais adequada para a organização, no intuito de que elas atinjam todos os empregados e terceiros dos setores para os quais foram desenvolvidas.

Dessa forma, os *stakeholders* da empresa estarão aptos a agir da forma correta diante de situações com as quais seus agentes se depararem, tanto em termos de relacionamento interno, que se aplica a todos os empregados e administradores, independentemente do cargo ou da função exercidos, quanto no relacionamento com o público externo (terceiros), tais como fornecedores, prestadores de serviço, clientes e agentes públicos.

Com as políticas elaboradas, a organização deve proceder à estruturação dos controles internos, os quais se apresentam por meio de processos e procedimentos desenvolvidos com base nas políticas internas, visando aplicá-las na prática. Tais processos e procedimentos funcionarão como um guia de ação para o cumprimento de atividades específicas e para o atingimento dos objetivos almejados.

Os processos, portanto, devem definir o que deve ser feito, como e quando uma atividade deve ser realizada, bem como quem é o responsável por executá-la.

Assim, o que se pretende com as políticas e os controles internos é que haja a padronização de comportamentos e decisões dos agentes da instituição diante de situações semelhantes, gerando segurança e eficiência em todos os níveis hierárquicos da empresa, além da importante função de mitigar os riscos de *compliance* a que a empresa está exposta.

Para fins didáticos, demonstramos, a seguir, de forma simplificada, um exemplo hipotético de política de contratação de terceiros e os respectivos controles internos visando implantar essa política na prática:

» **Política de contratação de terceiros**: uma Empresa X somente procede à contratação e estabelece parceria com terceiros que tenham comprovação de experiência em seu ramo de atividade, gozem de boa reputação e tenham compromisso com a ética, atuem com responsabilidade social e ambiental e sejam cumpridores das leis.

» **Processo de contratação:**
1. Realizar a *due diligence* por meio de pesquisa na internet que vincule o nome da empresa aos seguintes termos: *corrupção, fraude, penalidade* e *ética*.
2. Efetuar a mesma pesquisa anterior, desta vez com os nomes dos sócios e administradores da empresa terceira, quando for o caso.
3. Verificar se existe algum funcionário público trabalhando na empresa terceira e, em caso positivo, qual é o cargo que ele ocupa nessa empresa e na Administração Pública.
4. Submeter os dados anteriormente levantados ao setor de *compliance* para análise e elaboração de parecer justificando o posicionamento acerca da contratação ou não do terceiro.
5. O setor de *compliance*, após a elaboração do parecer, deverá encaminhá-lo à diretoria para aprovação.
6. Se a contratação do terceiro for aprovada, o contrato deverá prever cláusula de rescisão caso este se envolva em fraudes ou corrupção e cláusula que autorize a contratante a realizar auditoria interna na contratada sempre que entender necessário.

Além da contratação, a empresa também deverá estabelecer uma política com processos de controle de gestão de terceiros, como, por exemplo, em relação a pagamentos e à verificação periódica do cumprimento do objeto do contrato, entre outros, a depender das particularidades do caso e dos riscos envolvidos.

É importante salientarmos que cada uma das etapas do programa de *compliance* também deve dispor de políticas e controles próprios, com seus respectivos processos e procedimentos para a consecução das ações correspondentes. Dessa forma, a empresa será capaz de demonstrar que o seu programa de integridade está estruturado e funcionando efetivamente.

Destacamos, a seguir, alguns temas que, de modo geral, envolvem altos riscos de *compliance* e, por isso, devem ser observados com atenção e fazer parte da política interna da empresa (Giovanini, 2014):

» **Política de conflito de interesses**: deve abranger a relação entre os diversos atores da empresa: entre funcionários; entre funcionários e terceiros; entre funcionários e clientes; entre funcionários e concorrentes; entre funcionários e agentes públicos; entre funcionários e a própria instituição;

» **Política de confidencialidade**: refere-se aos profissionais que atuam na área de *compliance*, tendo em vista que no exercício de suas funções acabarão se deparando com informações – por meio de investigações, denúncias, aplicação de penalidades, resultados de controles – que, se forem vazadas, poderão causar conflitos internos, prejuízos à imagem e à credibilidade da empresa e descrédito do setor de *compliance*, o que colocará em risco o próprio programa de integridade.

» **Política de não retaliação**: tal política visa não coibir os funcionários que queiram fazer denúncias de casos de fraude e/ou corrupção por parte de colegas ou superiores, salvo nos casos de comprovada má-fé, sob pena de inviabilizar um dos principais meios de detecção de ilícitos.

» **Política de presentes e hospitalidades**: diz respeito a brindes, presentes, refeições e viagens recebidas de terceiros ou a estes oferecidas, com a intenção de evitar a obtenção de qualquer vantagem indevida dentro ou fora da organização, o que poderia caracterizar, dependendo do caso, ato de corrupção, razão pela qual essa política merece muita atenção por parte dos gestores e do setor de *compliance*.

» **Política de doações e patrocínio**: da mesma forma que a política de presentes e hospitalidades, busca prevenir a obtenção de qualquer vantagem ilícita, principalmente quando os destinatários das doações forem candidatos ou partidos políticos.

» **Política de contratação de terceiros**: como já mencionado anteriormente, tal política está relacionada à contratação de terceiros apenas mediante comprovação de experiência no ramo de atividade, boa reputação, compromisso com a ética e responsabilidade social.

» **Política de aquisições e *joint ventures***: a Lei Anticorrupção Brasileira estabelece a responsabilização objetiva da pessoa jurídica; logo, se a empresa adquirida ou a empresa com a qual se firma a união (*joint venture*) cometeu algum ato ilícito anteriormente, isso poderá se tornar um passivo para a empresa adquirente ou para a empresa parceira.

» **Política de relacionamento com agentes e órgãos públicos**: nessa política é que residem os maiores riscos de corrupção, principalmente para as empresas que atuam diretamente com a Administração Pública fornecendo-lhe produtos ou serviços.

Assim, podemos verificar que a adoção de políticas e controles internos tem o objetivo de estabelecer as diretrizes de atuação dos funcionários e dos terceiros, conforme as leis, os valores e os objetivos da empresa, bem como os riscos de *compliance* identificados. Portanto, tais políticas e controles se constituem em importantes ferramentas com foco na prevenção da ocorrência de fraudes e de casos de corrupção.

5.4.6 Comunicação e treinamentos

A implantação do programa de *compliance* pela empresa necessariamente implicará na mudança de hábitos e paradigmas anteriores. Porém, o programa só será efetivo se houver o envolvimento e a aceitação das novas regras por parte da ampla maioria dos funcionários da empresa, sob pena de a implantação do sistema acabar ficando apenas no papel.

Mas como conseguir o resultado esperado, com a compreensão das novas diretrizes e a participação dos funcionários após a implantação do programa de *compliance*? Por meio da comunicação e do treinamento sobre o programa de *compliance* e as novas diretrizes adotadas pela organização dirigido a gestores, funcionários da empresa e terceiros.

Vale observarmos que as ações desse programa são voltadas aos *stakeholders* da empresa. Assim, para que se verifiquem na prática os benefícios desse sistema, será imprescindível que as pessoas envolvidas com a organização compreendam as razões que levaram à implantação do programa, os benefícios que ele pode gerar e os riscos aos quais a organização está exposta sem ele. Essa compreensão contribuirá sobremaneira para a conquista do comprometimento dos colaboradores antes e durante o programa de *compliance*.

E isso somente será possível com a ampla divulgação das normas internas desenvolvidas pelo programa, por meio do desenvolvimento de ações de comunicação e da realização de treinamentos periódicos acerca da nova cultura. Sabemos que é da natureza humana demonstrar, inicialmente, resistência a mudanças, principalmente quando isso envolve a transformação de hábitos e de comportamentos já arraigados. Por isso mesmo, a realização de treinamentos se faz necessária para garantir que todos os envolvidos com o programa de *compliance* entendam as diretrizes implantadas pelo sistema.

Com relação à comunicação, é preciso garantir que ela ocorra de forma eficiente, tanto horizontalmente – isto é, entre o setor de *compliance* e os demais departamentos da empresa – quanto verticalmente – ou seja, entre o setor de *compliance* e a alta administração. As ações de comunicação do programa de integridade devem iniciar com a respectiva fase de implantação, mas devem ser mantidas ao longo de toda a existência da empresa. Existem várias maneiras de se estabelecer a comunicação com o público-alvo. Compete ao setor de *compliance* eleger quais são as mais adequadas, a depender do grupo de pessoas a que são dirigidas.

Entre as diferentes formas de comunicação, destacamos, a título exemplificativo, os seguintes meios: reuniões periódicas, folhetos explicativos, mensagens eletrônicas pela rede interna, quadros de avisos, *banners*, cartazes, malas diretas, jornais mensais, páginas da internet, aplicativos de celular etc.

O mais importante é que o meio de comunicação escolhido para divulgar o programa de *compliance* seja suficiente para, em primeiro lugar, fazer a mensagem chegar às pessoas devidas e, em segundo lugar, fazer com que ela seja compreendida por essas pessoas.

Para atingir esse objetivo, alguns cuidados se fazem necessários: as comunicações devem sempre utilizar linguagem clara e apropriada ao público-alvo – embora as ações de comunicação comumente tenham um caráter mais genérico –, bem como devem ser planejadas e ocorrer frequentemente, com periodicidade definida pelo setor de *compliance*, considerando as necessidades e as circunstâncias existentes.

As ações de comunicação devem ser previamente planejadas, com a elaboração de um cronograma de atividades e de campanhas, bem como com a definição do público-alvo que se pretende atingir. Assim, será possível selecionar os melhores canais de divulgação e a linguagem mais apropriada a ser utilizada na campanha. Isso será significativo para que a empresa atinja seus objetivos com menor dispêndio de recursos – ou seja, o planejamento prévio reduz a relação custo-benefício das campanhas de comunicação e proporciona maiores chances de êxito.

Assim, de acordo com Giovanini (2014), sem querer cobrir todo o tema, as ações de comunicação são consideradas eficientes desde que sejam capazes de:

» *Assegurar que todas as pessoas entenderam e assumiram para si os valores da empresa.*
» *Garantir que os funcionários guiem suas ações pelos mais elevados padrões éticos.*
» *Comunicar as regras e expectativas da empresa a todo o público interno e externo com relação à integridade.*
» *Promover o comportamento ético e íntegro em todas as ações.*
» *Fortalecer o papel de cada um na consolidação da empresa como uma instituição íntegra.*
» *Buscar o comprometimento e apoio de todos ao Programa de Compliance.*
» *Disseminar o significado de ética e integridade no dia a dia das pessoas.*
» *Demonstrar as ações para incentivar outras empresas logo a se engajarem na causa em prol da integridade.*
» *Explicar o que a empresa espera de seus parceiros.*
(Giovanini, 2014, p. 292-293)

Os treinamentos, por sua vez, têm um caráter mais específico e devem ser realizados sempre que houver a implantação de uma nova política ou quando ocorrerem alterações ou atualizações significativas das políticas anteriores. Nesses casos, a presença do público-alvo do setor envolvido pode ser estabelecida como obrigatória, tendo em vista a importância do tema, já que as políticas são desenvolvidas, em grande parte, para a mitigação de riscos.

Da mesma forma que ocorre com as ações de comunicação, cabe ao setor de *compliance* definir a necessidade de realizar treinamentos, a periodicidade em que devem ocorrer, bem como a abrangência esperada (público-alvo), além de sempre realizar o planejamento prévio, visando atingir uma maior eficiência com o menor custo possível.

Os treinamentos podem ser presenciais ou a distância, ocorrer por meio de *workshops* no ambiente interno ou externo da empresa, contar com presença obrigatória ou facultativa, serem de curta ou de longa duração etc. Todos esses fatores dependerão das circunstâncias de cada caso e do tema que será tratado.

Ao final dos treinamentos, é muito importante solicitar *feedbacks* aos participantes, o que poderá ser obtido por meio de uma rápida pesquisa, com perguntas diretas simples e objetivas. Giovanini (2014) traz alguns exemplos de questionamentos que podem ser feitos para obter *feedback* dos participantes:

» *O local foi adequado para o treinamento?*
» *Os recursos utilizados foram satisfatórios?*
» *A duração do treinamento atendeu às necessidades?*
» *O expositor teve o desempenho esperado?*
» *A qualidade do material apresentado (quanto ao conteúdo) foi pertinente?*
» *O conteúdo foi devidamente entendido para ser aplicado na prática?* (Giovanini, 2014, p. 335)

Após a análise das respostas apresentadas pelos participantes, será possível medir a eficiência e a adequação do treinamento e, se for o caso, adotar medidas que permitam aprimorar essa importante ferramenta de *compliance*.

É importante lembrarmos que todas as ações de comunicação e treinamento devem ser devidamente registradas e arquivadas, pois, caso as autoridades públicas ou outras organizações com as quais uma empresa deseja fazer negócios solicitem tais documentos, essa organização será capaz de demonstrar, de forma objetiva, que cumpre com esses requisitos legais do programa de *compliance*.

5.4.7 Canal de denúncias

A Associação de Examinadores de Fraude Certificados (ACFE – Association of Certified Fraud Examiners), a maior organização mundial antifraudes, divulgou o Relatório de Estudo Global de Fraudes de 2016, elaborado com base na análise de 2.410 casos de fraudes corporativas, investigadas de janeiro de 2014 a outubro de 2015, em empresas de 144 países localizados em todos os continentes (ACFE, 2016). Nesse caso, o termo *fraudes* está sendo utilizado de forma genérica: refere-se tanto às fraudes internas, em que a vítima é a própria corporação, quanto aos casos de corrupção envolvendo agentes públicos.

De acordo com esse relatório, a forma de detecção de fraudes mais utilizada nas empresas diz respeito às denúncias espontâneas – 39,1% das fraudes corporativas são descobertas assim. Em segundo lugar, está a auditoria interna, respondendo por 16,5% das descobertas iniciais, seguida pela revisão dos métodos de controle (13,4%), por acidente (5,6%) e pela conciliação contábil (5,5%) (ACFE, 2016).

O estudo aponta, ainda, que, nas empresas dotadas de canal de denúncias, o percentual das descobertas das fraudes por meio de denúncia espontânea chegou a 47,3%, ao passo que nas empresas que não contam com essa ferramenta, tal percentual é mais reduzido: 28,2% (ACFE, 2016).

Outro dado interessante, mas ao mesmo tempo preocupante, revelado pelo estudo da ACFE é que as fraudes corporativas são detectadas, em média, 18 meses após seu início, período em que os recursos financeiros da empresa vítima vão sendo drenados por conta dos atos ilícitos (ACFE, 2016).

Com base em tais dados, podemos inferir que a denúncia espontânea é a melhor fonte para a descoberta de fraudes corporativas. Além disso, constatamos que esse veículo representa uma importante ferramenta de detecção de fraudes, permitindo que a empresa vítima detecte as condutas danosas e estanque os prejuízos delas advindos.

Alexandre Serpa (2016, pos. 1225) alerta para a "jornada do denunciante", o tortuoso caminho que o funcionário precisa percorrer para levar ao conhecimento da empresa as irregularidades de que tem conhecimento. O percurso do informante se inicia com a fase interna de deliberação para delatar, que consiste na racionalização sobre denunciar ou não o crime, considerando que há sempre o receio de retaliação em razão da denúncia – além do fato de que a suspeita a ser relatada pode envolver um colega e/ou um superior hierárquico. A jornada do denunciante chega ao fim com a fase externa, que se refere à ida do informante até o meio escolhido para fazer a denúncia e manifestar o que sabe sobre a situação suspeita.

Pelo exposto, fica fácil mensurar a relevância de uma empresa contar com um canal de denúncias. Porém, a efetividade dessa ferramenta dependerá das políticas de não retaliação e confidencialidade e da divulgação (comunicação) acerca da existência do canal de denúncias. Tais medidas visam estimular a denúncia espontânea por meio da garantia do anonimato, da confidencialidade das informações prestadas e da disponibilização do meio adequado e seguro para se declinar o fato suspeito ao setor competente. Do contrário, a empresa poderá comprometer a melhor fonte de informação de fraudes, o que acabará acarretando aumento nos prejuízos causados pelas fraudes – considerando que, quanto mais tempo elas levarem para serem descobertas, maiores serão os danos gerados à empresa vítima.

Quanto à estruturação do canal de denúncias, ela pode levar em conta várias configurações: "desde o mais simples que é o contato direto com o *Compliance officer*, passando por telefone, carta, email, e chegando até a um sistema baseado na Web" (Serpa, 2016, pos. 1252).

O gerenciamento do canal de denúncias pode ser realizado pela própria organização, mas também pode ser terceirizado, tendo em vista que já existem empresas especializadas nesse tipo serviço, as quais recebem as comunicações dos fatos, fazem a devida classificação de acordo com os parâmetros solicitados e, posteriormente, realizam o encaminhamento das denúncias ao setor competente para apuração.

As denúncias recebidas devem ser arquivadas para fins de comprovação da existência do canal de denúncias, quando necessário, bem como de sua efetividade.

Outra medida que deve ser tomada com rigor é a garantia do sigilo das informações denunciadas, o que se justifica pelo caráter comprometedor de tais dados e porque o vazamento indevido dessas denúncias pode trazer diversas consequências negativas para a empresa, tais como: comprometimento das investigações; geração de conflitos, comprometendo o clima organizacional e a eficiência do setor envolvido; o descrédito no canal de denúncias e no setor de *compliance*, prejudicando as respectivas eficácias; abalo à imagem da empresa; prejuízos com ações indenizatórias e trabalhistas.

Assim, o canal de denúncias constitui um mecanismo que permite à empresa identificar as fraudes em menor tempo para, posteriormente, adotar as medidas necessárias no intuito de saná-las, reduzindo, sobremaneira, os prejuízos decorrentes dos ilícitos identificados.

5.4.8 Investigação e reporte

Os casos de suspeita de fraude e corrupção precisam ser apurados para verificar se são procedentes e quem são os responsáveis pelo ilícito. Após essa verificação, inicia-se o processo investigativo interno, que pode ser realizado pelo setor de *compliance* ou por consultoria externa especializada.

A investigação interna é um processo delicado e, por isso, não deve ser publicizada, sob pena de criar um clima policialesco dentro da instituição e comprometer a própria investigação. Desse modo, deve ser conduzida com muita habilidade e discrição do investigador, garantindo o resguardo do sigilo.

É importante documentar minuciosamente, em meio físico ou eletrônico, todo o processo de investigação, e essa documentação, em razão da confidencialidade das informações, deve ser mantida em local seguro. Os documentos referentes ao processo precisam apresentar: descrição sucinta do caso suspeito e como o fato chegou ao conhecimento da empresa, quem será o responsável pela investigação, todas as diligências realizadas e as provas colhidas. Um parecer com as conclusões do investigador também deve constar nesse relatório.

A caracterização dos fatos deverá ocorrer por meio da colheita de provas, sendo que ao investigador caberá escolher quais meios de obtenção de provas utilizar, optando pelos mais pertinentes com o caso em análise. Entre esses diversos meios, os mais comuns são a prova documental, a prova testemunhal e a prova pericial.

As provas por meio de documentos – tanto em meio físico quanto digital – consistem em: documentos do setor envolvido, principalmente os produzidos pelo suspeito investigado; cópias de *e-mails* corporativos, as quais podem ser obtidas com o auxílio do setor de tecnologia da informação; imagens do circuito interno de TV e demais documentos que possam evidenciar os fatos em análise.

Já as provas testemunhais podem ser obtidas por meio de entrevistas com o pessoal do setor em que o investigado trabalha. Nesse caso, o investigador deve adotar muita cautela com as perguntas, visando não comprometer o sigilo das investigações. Logo, não é interessante iniciar uma entrevista com perguntas que vão direto ao ponto suspeito; pelo contrário, é preciso conduzi-la de forma branda e sob uma justificativa que não revele seu verdadeiro intuito – por exemplo, sob o pretexto de levantar o nível de satisfação das pessoas com o programa de *compliance*. Se, no decorrer da conversa, o entrevistado revelar a verdade e entregar o suspeito, será preciso garantir o compromisso dele com o sigilo do processo investigativo.

As entrevistas podem ser gravadas, desde que haja concordância do entrevistado. Ainda, é recomendável que sejam realizadas na presença de um terceiro – de preferência, outro membro do setor de *compliance* ou alguém do setor de recursos humanos –, para a garantia do entrevistador, bem como que ocorram sempre em local reservado.

Por sua vez, a prova pericial é recomendada sempre que há necessidade da produção de um laudo técnico sobre algum aspecto específico e imprescindível ao deslinde da questão, a critério do investigador.

Após a colheita das provas, o investigador deverá analisá-las, cruzando as informações nelas contidas no intuito de verificar se existem inconsistências que possam caracterizar o ilícito investigado e o responsável pela fraude.

Na sequência, ao investigador caberá elaborar o relatório final devidamente fundamentado, indicando, quando for o caso, a autoria e a materialidade do ilícito, bem como sugerindo a aplicação da sanção ao responsável pela fraude, conforme estabelecido nas normas internas – códigos de ética e de conduta –, e reportá-lo à alta administração para deliberação.

De outro modo, se a fraude não for confirmada, o investigador também deverá elaborar um relatório final devidamente fundamentado, sugerindo o arquivamento e submetendo-o à apreciação da alta administração.

5.4.9 Monitoramento, auditoria e revisão periódica

O monitoramento e a auditoria são mecanismos que visam garantir a efetividade do programa de *compliance*. Podem ocorrer por meio da certificação de que as políticas e os controles internos, bem como seus respectivos processos, estejam sendo aplicados, da apuração sobre o atingimento de objetivos, da medição dos resultados obtidos e da detecção/correção de eventuais falhas, possibilitando o desenvolvimento contínuo do sistema.

Considerando que o programa de *compliance* é um sistema de processos, a revisão periódica é outra medida necessária. Com base na premissa de que todo sistema pode ser melhorado quanto a sua eficiência, o setor de *compliance* deve atuar no sentido de incentivar o desenvolvimento dos processos, para que estes apresentem os resultados positivos no menor tempo possível e com o menor custo.

Nesse sentido, os objetos de monitoramento, auditoria e revisão periódica são as políticas e os controles internos da empresa, inclusive as políticas referentes aos pilares do programa de *compliance*, cujos resultados devem ser consolidados e documentados para, posteriormente, serem reportados à alta administração.

A atividade de monitoramento presta assistência ao setor de *compliance* e se traduz na abordagem "sistemática, realizada de forma aleatória e temporal, por meio de amostragens, e só identifica a não conformidade após a falha ter sido cometida" (Candeloro; Rizzo; Pinho, 2012, p. 56).

Assim, a atividade de monitoramento deve ser constante, com periodicidade reduzida em relação à auditoria, e ocorrer a cada dois ou três meses. Quando forem encontradas falhas de conformidade ou, na hipótese de os resultados dos processos serem insatisfatórios, o setor de *compliance* deverá analisar a situação juntamente com o responsável pelo respectivo departamento, para encontrar a possível solução para o problema e, posteriormente, reportar o caso à alta administração para conhecimento e deliberação.

A auditoria do programa, por seu turno, deve ser realizada em periodicidade mais espaçada – a cada um ou dois anos –, a depender das necessidades e do porte da empresa, e cabe ao auditor realizá-la, seja ele do quadro de funcionários da empresa ou terceirizado – pode ser um escritório de advocacia com especialidade em *compliance*, por exemplo. Assim como ocorre com o líder de *compliance*, o auditor deve atuar com autonomia funcional e total independência, para preservar a credibilidade da auditoria (Candeloro; Rizzo; Pinho, 2012).

Com relação à forma de execução desse trabalho, é preferível que a auditoria seja realizada por um auditor externo à empresa, pois as chances de que esse profissional atue com mais independência e isenção são maiores do que se a auditoria fosse realizada por um auditor interno, que permanece dentro da organização por períodos de tempo muito maiores – o que o torna mais suscetível à contaminação da independência e isenção por influência do ambiente interno, comprometendo o resultado da auditoria e reduzindo-lhe a confiabilidade.

A auditoria deverá avaliar o programa de *compliance* com base na implantação dos seus requisitos de políticas e controles internos e nos respectivos resultados. Giovanini (2014) propõe que a auditoria seja realizada em quatro partes:

1. Verificação quanto à adequação dos procedimentos criados para a mitigação dos riscos de *compliance* apurados.
2. Identificação da conformidade dos procedimentos do programa, por meio da constatação das evidências.
3. Apuração da eficácia dos processos de controle, no que tange à aplicação prática dos procedimentos descritos, para detectar falhas e averiguar eventuais falhas pontuais ou sistêmicas.

4. Levantamento da maturidade do programa, com base no nível de conhecimento dos colaboradores sobre o sistema e nas políticas e nos controles de *compliance*.

Após a auditoria, o auditor deverá se reunir com o líder de *compliance* para apresentar-lhe os resultados, identificando as lacunas do sistema. Espera-se que juntos eles encontrem as soluções adequadas. Após essa etapa, o auditor e o líder de *compliance* deverão apresentar à alta administração as falhas detectadas e as medidas corretivas propostas para a adequação, com ênfase na importância que a auditoria e a revisão periódica representam para o aprimoramento e a conformidade do programa de integridade.

É inegável que aos gestores das empresas competem várias responsabilidades, sendo que entre elas uma das mais importantes talvez seja zelar pela imagem da instituição, principalmente porque esse bem, se for individualmente considerado, representa o maior patrimônio de qualquer companhia.

Sob outra ótica, é certo que as fraudes ocorrem no âmbito interno ou no externo das empresas e das mais variadas formas. Fato é que, independentemente de sua natureza, tais práticas colocam em risco o que as organizações têm de mais valioso: a própria imagem.

Desse modo, quando o gestor ignora ou deixa de tomar medidas para atenuar os riscos de fraudes, relega a empresa à própria sorte e deixa de cumprir com a relevante missão que lhe cabe: proteger a imagem do negócio sob o seu comando. Essa negligência torna a companhia vulnerável e passível de ataques potencialmente danosos.

Optar pelo programa de *compliance*, portanto, considerando tudo o que mencionamos neste capítulo, somado às atuais exigências mercadológicas e legais que recaem sobre as pessoas jurídicas, pode representar o diferencial determinante que favorecerá a companhia na obtenção dos resultados pretendidos.

Síntese

Neste capítulo, procuramos esclarecer o significado do termo *compliance*, bem como o que é, para que serve e como funciona um programa de *compliance*, além de apresentarmos as vantagens para as empresas que optam pela implantação de um sistema de integridade.

Além disso, demonstramos a relevância desse mecanismo no mundo corporativo, e que seu objetivo principal consiste na identificação e mitigação dos riscos inerentes às atividades empresariais.

Evidenciamos que as empresas dos mais variados ramos de atuação têm incluído essa valiosa ferramenta no âmbito de suas estruturas de governança corporativa.

Tratamos dos programas de *compliance* propriamente ditos, por meio de uma apresentação geral contemplando as funções, os objetivos, a estruturação e a natureza, entre outras particularidades relativas a esse sistema. Também abordamos as responsabilidades do líder do *compliance*, expondo sua importância para o sucesso do programa e citando alguns exemplos de sua atuação dentro da organização. Ainda, mencionamos algumas qualidades que devem estar presentes no perfil desse profissional para que a escolha do líder seja a mais acertada possível.

Logo depois, sem a pretensão de esgotar o assunto, discorremos sobre algumas vantagens que o programa de *compliance* oferece aos seus adeptos.

Por fim, detalhamos a estrutura do programa de *compliance*, explicando cada um dos seus pilares formadores, bem como suas particularidades e nuances. Demonstramos que eles são reciprocamente interdependentes e que cada um tem uma função específica. Concluímos que, como ocorre em qualquer sistema, a falha de um desses pilares pode comprometer o resultado de todo o processo.

Para saber mais

GIOVANINI, W. *Compliance*: a excelência na prática. São Paulo: IEC Compliance Total, 2014.

Esse livro faz uma análise profunda sobre o tema de programas de *compliance* e reúne aspectos teóricos e exemplos práticos sobre o assunto, além de se revelar um valioso guia para os profissionais de *compliance*, tanto para a fase de implantação quanto para o posterior aprimoramento do programa.

GONSALES, A. et al. *Compliance*: a nova regra do jogo. São Paulo: Lec Editora e Organização de Eventos, 2016.

Essa obra aborda famosos casos de *compliance* dos Estados Unidos, com a aplicação da Lei Anticorrupção Norte-Americana (FCPA), além de casos brasileiros, como o **Mensalão** e a **Operação Lava Jato**. Além disso, o livro traz artigos escritos por profissionais notáveis da área de *compliance*, tais como Daniel Sibille e Alexandre da Cunha Serpa.

Questões para revisão

1) Qual é o principal objetivo que o programa de *compliance* deve alcançar?

2) De acordo com o programa de integridade, qual deve ser a ferramenta utilizada para reduzir os riscos de *compliance* de terceiros quando precisar contratá-los?

3) Acerca da efetividade do programa de *compliance* das pessoas jurídicas, marque a seguir a alternativa **falsa**:
   a. Deve demonstrar a existência de treinamentos periódicos de funcionários e terceiros sobre o seu conteúdo.

b. Necessita prever medidas disciplinares para os casos em que for verificada a violação dos seus termos e regulamentos.

c. É imprescindível a criação de um canal de denúncias das irregularidades, que seja aberto, divulgado e acessível aos funcionários e terceiros.

d. Os registros contábeis devem refletir de forma completa e precisa as transações da empresa.

e. Uma vez que o programa de *compliance* seja bem estruturado, são dispensadas novas atualizações.

4) Indique se as afirmações a seguir são verdadeiras (V) ou falsas (F):

( ) A disponibilização dos recursos financeiros e humanos necessários à estruturação do setor de *compliance* na empresa é uma das formas de evidenciar o apoio da alta administração em relação ao programa de integridade.

( ) Para aumentar as chances de sucesso do programa de integridade, o líder de *compliance* deve ser um profissional com formação jurídica, pois é importante que conheça as leis que regulam as atividades da empresa, bem como que seja uma pessoa reservada, pois terá que investigar os funcionários quando receber as denúncias.

( ) As sanções disciplinares dos códigos de ética e de conduta devem ser aplicadas a todos os funcionários que violarem as normas internas, salvo os membros da alta administração, pois estão no topo da hierarquia da empresa.

( ) Se durante a investigação da *due diligence* de terceiro for encontrada qualquer *red flag*, a contratação desse terceiro deverá ser imediatamente descartada.

( ) O canal de denúncias é uma importante ferramenta para a detecção de fraudes, e para que seja efetivo, precisa ser divulgado constantemente e estar acessível aos públicos internos e externos da empresa, bem como é necessário que a empresa tenha uma política clara de não retaliação, para não desmotivar os denunciantes.

Assinale a alternativa que corresponde à sequência obtida:
a. V, V, F, F, V.
b. V, V, V, F, V.
c. V, F, F, F, V.
d. F, V, V, F, F.
e. V, V, F, V, V.

5) Sobre o mapeamento e análise de riscos, pilar do programa de *compliance*, é correto afirmar que:

a. O programa de *compliance*, para que seja efetivo, deve desenvolver políticas e procedimentos para eliminar os maiores riscos da empresa encontrados após a realização do mapeamento e da análise.

b. Ao realizar o mapeamento dos riscos, o líder de *compliance* deve envolver todos os responsáveis pelos demais setores da empresa, a fim de que sejam apurados os riscos inerentes às atividades de cada um deles.

c. Principalmente na fase inicial de implantação, todos os riscos de *compliance* apurados, independentemente do potencial de dano de cada um, devem fazer parte do programa de integridade, sob pena de comprometer a sua eficiência.

d. Caso a empresa decida atuar em um novo mercado, não precisará realizar novamente o mapeamento e a análise de riscos se estes tiverem sido realizados há menos de seis meses.

e. O setor de *compliance* deve acompanhar a identificação e análise de riscos sem envolver os membros da alta administração da empresa, pois estes são pessoas muito ocupadas e não devem ser importunadas com tais assuntos.

Questão para reflexão

1) Conforme demonstrado neste capítulo, o canal de denúncias, desde que seja acessível, estruturado e divulgado para os públicos internos e externos da empresa, é o meio mais eficiente para a detecção de fraudes. Para isso, esse instrumento precisa dispor de uma política de não retaliação. Relacione as possíveis consequências e os respectivos fundamentos que a ausência dessa política pode acarretar para essa ferramenta de *compliance*.

Retorno ao protagonismo após denúncias de fraudes corporativas: o Caso Siemens

Uma das maiores empresas públicas do mundo, a alemã Siemens, após as denúncias jornalísticas feitas no ano de 2006 – quando contava com mais de 150 anos de história –, revelando que ela mantinha caixa dois para efetuar o pagamento de propinas a agentes públicos estrangeiros em troca de contratos, viu-se envolvida em um dos maiores escândalos corporativos mundiais (Gonsales et al., 2016, p. 9).

Inicialmente, a empresa negou os fatos, mas, posteriormente, passou a afirmar que, se houve fraudes, estas teriam ocorrido por funcionários desonestos, porém, sem o conhecimento da empresa (Candeloro; Rizzo; Pinho, 2012, p. 430).

Após as denúncias, a Siemens passou a ser investigada pelas autoridades estadunidenses, pois possuía valores mobiliários negociados na Bolsa de Nova Iorque e mantinha contratos milionários com o governo norte-americano, bem como pelas autoridades alemãs, pois a empresa está sediada nesse país (Gonsales et al., 2016, p. 9).

A empresa, por seu turno, na intenção de colaborar com as autoridades investigativas, passou a desenvolver uma investigação paralela e, por isso, contratou advogados externos, contadores forenses

estudo de caso

e consultores de *compliance* para a auxiliarem nessa empreitada (Candeloro; Rizzo; Pinho, 2012, p. 430).

De acordo com o resultado das investigações, ficou comprovado que, entre os anos de 2001 e 2007, a Siemens pagou em torno de 1,4 bilhão de dólares a agentes públicos de diversos países para conseguir contratos com os respectivos governos (Gonsales et al., 2016, p. 9), bem como que a prática de suborno de autoridades estrangeiras era antiga dentro da empresa e fazia parte de sua cultura organizacional (Candeloro; Rizzo; Pinho, 2012, p. 430).

Por isso, a Siemens foi sancionada, inclusive nos Estados Unidos, por meio da FCPA, com multa aplicada de 800 milhões de dólares. Porém, o prejuízo da empresa foi muito maior: estima-se que o custo total, somando-se as multas, os honorários advocatícios, contábeis e demais custos das investigações, totalize em torno de 3 bilhões de dólares, sem contar o prejuízo incalculável à imagem da empresa (Candeloro; Rizzo; Pinho, 2012, p. 430). Ademais, os altos executivos da empresa, que comprovadamente sabiam ou se envolveram nas fraudes, também foram condenados e presos pela justiça norte-americana (Gonsales et al., 2016, p. 10).

Pouco tempo depois, contudo, esse fato doloroso fez com que a Siemens viesse a se tornar uma empresa modelo em âmbito mundial, especialmente no que diz respeito às boas práticas de governança corporativa; tanto é que a organização desenvolveu um dos mais bem estruturados programas de *compliance* de que o mundo já teve notícia, fazendo dela um exemplo a ser seguido pelas demais empresas (Gonsales et al., 2016, p. 10).

Fonte: Elaborado com base em Gonsales et al., 2016; Candeloro; Rizzo; Pinho, 2012.

Após essa longa trajetória, tornou-se possível compreendermos os mecanismos que relacionam as fraudes corporativas aos programas de *compliance*. O estudo das razões e dos elementos que caracterizam as fraudes permitiu visualizarmos de maneira mais ampla a forma como, em termos práticos, ocorrem as fraudes corporativas, bem como possibilitou obtermos uma melhor compreensão das estatísticas que dão conta desse fenômeno.

De tal sorte, verificamos que os principais fatores das fraudes corporativas, tais como retratados na literatura tradicional sobre o tema, têm limites bastante explícitos. Indicamos que as fraudes não são monopólio das pessoas com predisposição para fraudar, tampouco são exclusivas às corporações que operam em ambientes em que a ética corporativa é frágil. Nossa vertente metodológica, ao contrário, procurou demonstrar que as fraudes são mais corriqueiras do que podemos imaginar e que elas podem ser praticadas por pessoas outras que não as estereotipadas pela predisposição.

Destarte, também demonstramos que o modelo da economia comportamental pode ser um paradigma que compreende as fraudes corporativas em um modelo mais amplo e, portanto, mais abrangente. Procuramos enfatizar que há fatores tradicionalmente não relacionados ao cometimento de fraudes que têm papel crucial para explicar

para concluir...

tais atos ilícitos, como a distância psicológica em relação à fraude, os conflitos de interesses, a influência do cansaço, o autoengano e a força da degradação de nossa própria imagem.

Também analisamos as principais fraudes corporativas, com base em pesquisas internacionais que tratam dessa temática. A par dos dados levantados por esses estudos, empreendemos a tarefa de justapor as referidas fraudes aos seus respectivos enquadramentos jurídicos, segundo o sistema brasileiro. Cumprindo tal missão, observamos que não seria totalmente equivocado sustentarmos que os mais comuns crimes na esfera corporativa se constituem na apropriação indébita, no estelionato, no furto e na invasão de dispositivos de informática, na corrupção ativa, na lavagem de dinheiro e na concorrência desleal. Além desses, e para além do direito penal, também abordamos as fraudes mais comuns que não são criminalizadas, como o conflito de interesses, a desobediência às normas regulamentares e a desatenção às normas de *compliance*.

Ainda, comentamos a Lei Anticorrupção Norte-Americana (FCPA), diploma legal e vanguardista criado para combater a corrupção estrangeira praticada por empresas que mantêm negócios com os Estados Unidos. Verificamos, por meio das maiores punições aplicadas às empresas decorrentes da prática de corrupção, que os EUA atuam implacavelmente para combater esses atos ilícitos, bem como que como as multas financeiras impostas pelos órgãos de investigação são vultuosas, visando coibir esse tipo de conduta.

Ainda, considerando o exemplo dos Estados Unidos, afirmamos que as práticas de combate à corrupção podem acarretar um significativo incremento nas receitas dos governos, pois elas possibilitam a criação de um ambiente mercadológico mais saudável e seguro. Certamente, isso incentiva novos investimentos e proporciona aumento no nível da atividade econômica, majorando a arrecadação de impostos, além dos altos valores atrelados às penalidades administrativas, que representam uma nova fonte de receitas.

Demonstramos, por meio de detalhes relativos às convenções internacionais de combate à corrupção, que há um esforço global coordenado entre os principais organismos internacionais e diversos países para lutar contra o mal da corrupção. Tal esforço se justifica a partir do momento em que a relação público-privado se apresenta eivada de promiscuidade, por meio da qual grandes somas de recursos públicos são drenadas para fins de enriquecimento criminoso de corruptos e corruptores, com efeitos nefastos e que atingem toda a sociedade.

Também abordamos a Lei n. 12.846/2013 (Lei Anticorrupção Brasileira) e o seu Decreto Regulamentador n. 8.420/2015. As importantes inovações que essa lei dispôs ao ordenamento jurídico, se bem utilizadas, podem representar um importante instrumento de contribuição para a redução no nível de corrupção no Brasil. Das novidades reveladas pela lei, destacamos a responsabilização objetiva das pessoas jurídicas nos casos de corrupção, o patamar das multas – que podem chegar a 20% do faturamento anual da empresa –, a previsão do programa de integridade e o incentivo às empresas a adotarem tal programa por meio do oferecimento de benefício de redução da penalidade, caso seja aplicada.

Após, passamos ao debate sobre o programa de *compliance* e suas nuances. De início, indicamos a origem do termo *compliance*, o qual procede do verbo em inglês *to comply*, com o significado de "agir com integridade, honestidade e transparência, em conformidade com princípios éticos, morais e legais, respeitando e cooperando com os demais colegas, em busca de um bem comum".

Na sequência, discorremos sobre os aspectos gerais do programa de *compliance*, com o intuito de introduzir o leitor ao tema e instigá-lo a aprofundar os estudos nessa área. Demonstramos que esse sistema representa uma ferramenta de autonormatização da empresa e que se desenvolve com base em princípios éticos, buscando influenciar na cultura organizacional e pautando as condutas do público interno e de terceiros em conformidade com as normas dos códigos de ética e de conduta.

Também identificamos o objetivo precípuo do programa, que é atuar na prevenção da ocorrência de casos de fraudes e de corrupção por meio da mitigação dos respectivos riscos de *compliance* que expõem a empresa. Afirmamos, com base na literatura pesquisada, que mitigar tais riscos em uma organização, significa, em suma, reduzir a probabilidade da ocorrência de eventos e fatos danosos à imagem e à saúde financeira da empresa, o que pode ser alcançado através da criação de políticas e controles internos, entre as quais estão os códigos de ética e de conduta.

Além disso, constatamos que o programa de *compliance* também dispõe de ferramentas específicas para a detecção e o combate às fraudes e à corrupção. Procuramos, ainda, esclarecer que esse programa é um sistema de processos e, por isso, todos os pilares que o estruturam devem funcionar adequadamente, sob pena de comprometer o todo. O sucesso da implantação desse sistema deve começar pelo apoio da alta administração ao setor de *compliance*, demonstrando o comprometimento de seus integrantes por meio de ações, fomentando os recursos necessários à implantação – principalmente financeiros e humanos –, e destacando um profissional com características apropriadas ao exercício do cargo de líder de *compliance*, o qual será responsável por coordenar os trabalhos de implantação, manutenção e desenvolvimento do programa.

Na sequência, discorremos acerca de algumas vantagens que o programa de *compliance* pode promover à organização, entre as quais estão o diferencial competitivo e a valorização da imagem, principalmente no novo contexto do Brasil, que revela uma mudança de velhos paradigmas e que exigirá dos atores do mundo corporativo uma rápida adaptação às exigências que se apresentam.

Na última parte deste livro, discorremos sobre cada um dos pilares do *compliance*, destacando as funções, os objetivos, a forma de implantação e as respectivas interfaces do processo. Ainda, procuramos demonstrar a interdependência entre eles.

Com esta obra, nosso intento não foi o de trazer uma verdade definitiva sobre o novo paradigma a ser adotado na análise das fraudes corporativas. Com base nisso, podemos afirmar que as interpretações que fizemos sobre os principais crimes e atos ilícitos, à luz da legislação brasileira, podem, até mesmo, estar equivocadas; ainda, nossas acepções sobre a importância, bem como sobre a efetividade dos programas de *compliance*, também podem ser desmentidas por dados empíricos mais expressivos, à medida que a Lei Anticorrupção seja debatida, aprofundada e aplicada.

Não temos dúvida de que, eventualmente, podemos ter fraudado dados, interpretações e visualizações. Sob essa ótica, também estariam fraudadas as conclusões e todo o itinerário percorrido na elaboração deste livro.

Assumir outra postura significaria ter de assumir que nossa principal premissa (a de que todos somos potencialmente fraudadores) aplica-se a todos, exceto a nós mesmos – o que seria absolutamente fraudulento.

De todo modo, esperamos que você tenha tirado bom proveito dos conteúdos expostos nesta obra e que, se possível, aprofunde seus conhecimentos em relação aos temas abordados!

ACFE – Association of Certified Fraud Examiners. *Global Fraud Study*: Report to the Nations on Occupation Fraud and Abuse. 2016. Disponível em: <https://www.acfe.com/rttn2016/docs/2016-report-to-the-nations.pdf>. Acesso em: 23 mar. 2018.

ARIELY, D. *A mais pura verdade sobre a desonestidade*: por que mentimos para todo mundo, inclusive para nós mesmos. Rio de Janeiro: Elsevier, 2012.

BADARÓ, G. H.; BOTTINI, P. C. *Lavagem de dinheiro*: aspectos penais e processuais penais – comentários à Lei 9.613/1998, com alterações da Lei 12.683/2012. 3. ed. São Paulo: Revista dos Tribunais, 2016.

BADAWI, I. M. Global Corporate Accounting Frauds and Action for Reforms. *Review of Business*, v. 26, n. 2, p. 8-14, 2005.

BARATTA, A. *Criminologia crítica e crítica do direito penal*: introdução à sociologia do direito penal. Rio de Janeiro: Revan/Instituto Carioca de Criminologia, 2002.

BAUCUS, M. S.; NEAR, J. P. Can Illegal Corporate Behavior be Predicted? An Event History Analysis. *Academy of Management Journal*, v. 34, n 1, p. 9-36, 1991.

BCB – Banco Central do Brasil. Resolução n. 2.554, de 24 de setembro de 1998. *Diário Oficial da União*, Brasília, DF, 25 set. 1998. Disponível em: <http://www.bcb.gov.br/pre/normativos/res/1998/pdf/res_2554_v2_P.pdf>. Acesso em: 28 mar. 2018.

BITENCOURT, C. R. *Tratado de direito penal*: parte especial – crimes contra a administração pública e crimes praticados por prefeitos. São Paulo: Saraiva, 2007. v. 5.

BITTENCOURT, S. *Comentários à Lei Anticorrupção*: Lei 12.846/2013. 2. ed. São Paulo: Revista dos Tribunais, 2015.

BLOCH, M. L. B. *Apologia da história ou o ofício de historiador*. Rio de Janeiro: J. Zahar, 2001.

BNDES – Banco Nacional do Desenvolvimento. *O BNDES e a convenção sobre o combate à corrupção de funcionários públicos estrangeiros em transações comerciais internacionais*. Disponível em: <https://www.bndes.gov.br/wps/portal/site/home/quem-somos/etica-integridade/integridade-bndes/combate-corrupcao-funcionarios-publicos-estrangeiros/bndes-e-convencao-combate-corrupcao>. Acesso em: 24 out. 2017.

BRASIL. Constituição (1988). *Diário Oficial da União*, Brasília, DF, 5 out. 1988. Disponível em:: <http://www.planalto.gov.br/ccivil_03/constituicao/constituicao.htm>. Acesso em: 28 mar. 2018.

_____. Decreto n. 3.678, de 30 de novembro de 2000. *Diário Oficial da União*, Poder Executivo, Brasília, DF, 1º dez. 2000. Disponível em: <http://www.planalto.gov.br/ccivil_03/decreto/D3678.htm>. Acesso em: 28 mar. 2018.

_____. Decreto n. 4.410, de 7 de outubro de 2002. *Diário Oficial da União*, Poder Executivo, Brasília, DF, 8 out. 2002. Disponível em: <http://www.planalto.gov.br/ccivil_03/decreto/2002/d4410.htm>. Acesso em: 28 mar. 2018.

_____. Decreto n. 5.687, de 31 de janeiro de 2006. *Diário Oficial da União*, Poder Executivo, Brasília, DF, 1º fev. 2006. Disponível em: <http://www.planalto.gov.br/ccivil_03/_ato2004-2006/2006/decreto/d5687.htm>. Acesso em: 28 mar. 2018.

_____. Decreto n. 8.420, de 18 de março de 2015. *Diário Oficial da União*, Poder Executivo, Brasília, DF, 19 mar. 2015. Disponível em: <http://www.planalto.gov.br/ccivil_03/_ato2015-2018/2015/decreto/D8420.htm>. Acesso em: 27 mar. 2018.

BRASIL. Decreto-Lei n. 2.848, de 7 de dezembro de 1940. *Diário Oficial da União*, Poder Executivo, Brasília, DF, 31 dez. 1940. Disponível em: <http://www.planalto.gov.br/ccivil_03/decreto-lei/Del2848compilado.htm>. Acesso em: 28 mar. 2018.

_____. Lei n. 9.279, de 14 de maio de 1996. *Diário Oficial da União*, Poder Legislativo, Brasília, DF, 15 maio 1996. Disponível em: <http://www.planalto.gov.br/ccivil_03/leis/L9279.htm>. Acesso em: 28 mar. 2018.

_____. Lei n. 9.613, de 3 de março de 1998. *Diário Oficial da União*, Poder Legislativo, Brasília, DF, 4 mar. 1998. Disponível em: <http://www.planalto.gov.br/ccivil_03/leis/L9613.htm>. Acesso em: 28 mar. 2018.

_____. Lei n. 12.529, de 30 de novembro de 2011. *Diário Oficial da União*, Poder Legislativo, Brasília, DF, 1º dez. 2011. Disponível em: <http://www.planalto.gov.br/ccivil_03/_ato2011-2014/2011/Lei/L12529.htm>. Acesso em: 28 mar. 2018.

_____. Lei n. 12.737, de 30 de novembro de 2012. *Diário Oficial da União*, Poder Legislativo, Brasília, DF, 3 dez. 2012. Disponível em: <http://www.planalto.gov.br/ccivil_03/_ato2011-2014/2013/lei/l12846.htm>. Acesso em: 28 mar. 2018.

_____. Lei n. 12.813, de 16 de maio de 2013. *Diário Oficial da União*, Poder Legislativo, Brasília, DF, 17 maio. 2013a. Disponível em: <http://www.planalto.gov.br/ccivil_03/_ato2011-2014/2013/lei/l12813.htm>. Acesso em: 27 mar. 2018.

_____. Lei n. 12.846, de 1º de agosto de 2013. *Diário Oficial da União*, Poder Legislativo, Brasília, DF, 2 ago. 2013b. Disponível em: <http://www.planalto.gov.br/ccivil_03/_ato2011-2014/2013/lei/l12846.htm>. Acesso em: 27 mar. 2018.

_____. Lei n. 12.850, de 2 de agosto de 2013. *Diário Oficial da União*, Poder Legislativo, Brasília, DF, 5 ago. 2013c. Disponível em: <http://www.planalto.gov.br/ccivil_03/_ato2011-2014/2013/lei/l12850.htm>. Acesso em: 28 mar. 2018.

BRASIL. Ministério da Justiça. Departamento Penitenciário Nacional. *Levantamento nacional de informações penintenciárias Infopen*. 2014a. Disponível em: <http://www.justica.gov.br/news/mj-divulgara-novo-relatorio-do-infopen-nesta-terca-feira/relatorio-depen-versao-web.pdf>. Acesso em: 28 mar. 2018.

BRASIL. Ministério da Transparência e Controladoria-Geral da União. *Convenção da OEA reúne medidas de prevenção, condutas classificadas como ato de corrupção, tipificação de delitos e cooperação entre os países signatários*. 11 mar. 2014b. Disponível em: <http://www.cgu.gov.br/assuntos/articulacao-internacional/convencao-da-oea/principais-temas>. Acesso em: 27 mar. 2018.

_____. *Convenção das Nações Unidas contra a Corrupção trata de quatro temas principais*: a prevenção, a criminalização dos atos de corrupção, a cooperação internacional e a recuperação de ativos. 22 jul. 2014c. Disponível em: <http://www.cgu.gov.br/sobre/perguntas-frequentes/articulacao-internacional/convencao-da-onu>. Acesso em: 28 mar. 2018.

_____. *Saiba quais os principais temas abordados na Convenção da OCDE, como a responsabilização de pessoas jurídicas por atos de corrupção*. 11 mar. 2014d. Disponível em: <http://www.cgu.gov.br/assuntos/articulacao-internacional/convencao-da-ocde/principais-temas>. Acesso em: 28 mar. 2018.

BRASIL. Superior Tribunal de Justiça. *Súmula n. 17*, de 20 de novembro de 1990. Disponível em: <http://www.stj.jus.br/SCON/sumanot/toc.jsp#TIT1TEMA0>. Acesso em: 28 mar. 2018.

BRASIL. Supremo Tribunal Federal. Segunda Turma. *Habeas Corpus 137.422*. 28 mar. 2017. Disponível em: <https://www.conjur.com.br/dl/habeas-corpus-137422-santa-catarina.pdf>. Acesso em: 28 mar. 2018.

CALLEGARI, A. L.; WEBER, A. B. *Lavagem de dinheiro*. São Paulo: Atlas, 2014.

CANDELORO, A. P. P.; RIZZO, M. B. M. de; PINHO, V. *Compliance 360°*: riscos, estratégias, conflitos e vaidades no mundo corporativo. São Paulo: Trevisan, 2012.

CASSIN, R. L. *Reconsidered*: Odebrecht and Braskem are on our FCPA Top Ten List. 29 dez. 2016. Disponível em: <http://www.fcpablog.com/blog/2016/12/29/reconsidered-odebrecht-and-braskem-are-on-our-fcpa-top-ten-l.html>. Acesso em: 27 mar. 2018.

COSTA, A. P. P. da; WOOD JR., T. Fraudes corporativas. *Revista de Administração de Empresas*, v. 52, n. 4, p. 464-472, 2012. Disponível em: <http://rae.fgv.br/sites/rae.fgv.br/files/artigos/10.1590_0034-75902012000400008_0.pdf>. Acesso em: 27 mar. 2018.

DURKHEIM, E. *As regras do método sociológico*. 3. ed. São Paulo: M. Fontes, 2007.

EIU – ECONOMIST INTELLIGENCE UNIT. Disponível em: <http://www.eiu.com/home.aspx>. Acesso em: 23 mar. 2018.

ESTADOS UNIDOS DA AMÉRICA. Código Federal dos EUA. Título 15: Comércio e Negociação (Capítulo 2B – Bolsas de Valores). *Cláusulas Antissuborno e sobre Livros e Registros Contábeis da Lei Americana Anticorrupção no Exterior*. 22 jul. 2004. Disponível em: <https://www.justice.gov/sites/default/files/criminal-fraud/legacy/2012/11/14/fcpa-portuguese.pdf>. Acesso em: 28 mar. 2018.

ETCHICHURY, C. Pesquisa mostra que motoristas da Capital se acham bons e culpam os outros. *Clicrbs*, 22 set. 2009. Disponível em: <http://clicrbs.com.br/especial/sc/rbs30anos/19,0,2639521,Pesquisa-mostra-que-motoristas-da-Capital-se-acham-bons-e-culpam-os-outros.html>. Acesso em: 23 mar. 2018.

FATF – Financial Action Task Force. *Who we are*. 2012. Disponível em: <http://www.fatf-gafi.org/about/>. Acesso em: 28 mar. 2018.

FONSECA, E. G. da. **Autoengano**. São Paulo: Companhia das Letras, 2005.

GIOVANINI, W. *Compliance*: a excelência na prática. São Paulo: IEC Compliance Total, 2014.

GONÇALVES, J. A. P. *Alinhando processos, estrutura e compliance à gestão estratégica*. São Paulo: Atlas, 2012.

GONSALES, A. et al. *Compliance*: a nova regra do jogo. São Paulo: Lec Editora e Organização de Eventos, 2016.

GRECO, R. *Curso de direito penal*: parte especial. 2. ed. Niterói: Impetus, 2006. v. 3.

GUARAGNI, F. A.; BUSATO, P. C. (Coord.). *Compliance e direito penal.* São Paulo: Atlas, 2015.

HOUAISS, A.; VILLAR, M. de S. *Dicionário Houaiss da língua portuguesa.* versão 3.0. Rio de Janeiro: Instituto Antônio Houaiss; Objetiva, 2009. 1 CD-ROM.

HUNGRIA, N. *Comentários ao Código Penal*: Decreto-Lei n. 2.848 de 7 de dezembro de 1940. 3. ed. rev. e atual. Rio de Janeiro: Forense, 1967. v. 7: arts. 155 a 196.

KROLL. *Global Fraud Report*: Vulnerabilities on the Rise. Annual Edition 2015/16. Disponível em: <http://anticorruzione.eu/wp-content/uploads/2015/09/Kroll_Global_Fraud_Report_2015low-copia.pdf>. Acesso em: 28 mar. 2018.

MAEDA, B. C. Programas de compliance anticorrupção: importância e elementos essenciais. In: DEL DEBBIO, A.; MAEDA, B. C.; AYRES, C. H. da S. *Temas de anticorrupção & compliance.* Rio de Janeiro: Elsevier, 2012.

NUCCI, G. de S. *Manual de direito penal*: parte geral; parte especial. 2. ed. Rio de Janeiro: Brasport, 2008.

PARODI, L. *Manual das fraudes.* 2. ed. Rio de Janeiro: Brasport, 2008.

PETROBRAS. *Programa Petrobras de prevenção da corrupção.* 2015. Disponível em: < http://www.petrobras.com.br/lumis/portal/file/fileDownload.jsp?fileId=8A1935765BCCD1B9015BFDFF929E2F56>. Acesso em: 28 mar. 2018.

_____. *Programa Petrobras de prevenção da corrupção*: manual. 2014. Disponível em: <http://www.petrobras.com.br/lumis/portal/file/fileDownload.jsp?fileId=8A10550E494F5580014A2ACBE71A410E>. Acesso em: 28 mar. 2018.

PRADO, L. R. *Curso de direito penal brasileiro.* 5. ed. rev., atual. e ampl. São Paulo: Revista dos Tribunais, 2008. v. 3: Parte especial – arts. 250 a 359-H.

RIBEIRO, M. C. P.; DINIZ, P. D. F. Compliance e a lei anticorrupção nas empresas. *Revista de Informação Legislativa*, Brasília, ano 52, n. 205, p. 87-105, jan./mar. 2015. Disponível em: <http://www2.senado.leg.br/bdsf/bitstream/handle/id/509944/001032816.pdf?sequence=1>. Acesso em: 28 mar. 2018.

RIO GRANDE DO SUL. Tribunal de Justiça do Rio Grande do Sul. *Apelação crime*: NOP n. 70049844483 (nº CNJ 0291040-55.2012.8.21.7000). Porto Alegre, 29 de abril de 2014. Disponível em: <https://www.conjur.com.br/dl/tj-rs-inocenta-acusada-copiar-arquivos.pdf>. Acesso em: 27 mar. 2018.

ROCHA JÚNIOR, F. de A. do R. M. Uma análise da aplicação do princípio da insignificância nos crimes de furto: os critérios utilizados pelos tribunais superiores nos anos 2010 e 2011. In: ZILIO, J.; BOZZA, F. (Org.). *Estudos críticos sobre o sistema penal*. Curitiba: LedZe, 2012. p. 1057-1068.

SANTOS, J. A. A.; BERTONCINI, M.; COSTÓDIO FILHO, U. *Comentários à Lei 12.846/2013*: Lei Anticorrupção. São Paulo: Revistas dos Tribunais, 2014.

SCHNATTERLY, K. Increasing Firm Value through Detection and Prevention. *Strategic Management Journal*, v. 24, n. 7, p. 587-614, 2003.

SERPA, A. da C. *Compliance descomplicado*: um guia simples e direto sobre programas de compliance. Edição do autor. Kindle, 2016.

SIEMENS. *Second Funding Round*: All you Need to Know. Disponível em: <https://www.siemens.com/content/dam/internet/siemens-com/global/company/sustainability/compliance/collective-action/pdf/siemens-integrity-initiative-important-information.pdf>. Acesso em: 27 mar. 2018.

SILVA SANCHEZ, J.-M. *Fundamentos del derecho penal de la empresa*. Madrid: Edisofer, 2013.

THE UNITED STATES. *A Resource Guide to the U.S. Foreign Corrupt Practices Act*. 14 nov. 2012. Disponível em: <https://www.justice.gov/sites/default/files/criminal-fraud/legacy/2015/01/16/guide.pdf>. Acesso em: 28 mar. 2018.

THE UNITED STATES. Department of Justice. *The FCPA Guide*. 2 nov. 2015. Disponível em: <https://www.justice.gov/criminal-fraud/fcpa-guidance>. Acesso em: 28 mar. 2018.

TRANSPARENCY INTERNATIONAL. *Corruption Perceptions Index 2016*. 25 jan. 2017. Disponível em: <https://www.transparency.org/news/feature/corruption_perceptions_index_2016>. Acesso em: 28 mar. 2018.

WACQUANT, L. *As prisões da miséria*. Rio de Janeiro: J. Zahar, 2001.

WEBB, C. *Como ter um dia ideal*: o que as ciências comportamentais têm a dizer para melhorar sua vida no trabalho. Rio de Janeiro: Objetiva, 2016.

Capítulo 1

Questões para revisão

1. As fraudes podem ser explicadas por meio do modelo da economia racional, através dos elementos que a compõem: sociedade, marco regulatório, setor econômico, organização e indivíduo.

2. Não seria cientificamente apropriado sustentarmos que há pessoas predispostas ao cometimento de fraudes, visto que as pesquisas científicas mais contemporâneas, como bem apontam os estudos da criminologia crítica e da economia comportamental, indicam que qualquer pessoa pode cometer atos ilícitos.

3. e
4. e
5. e

Capítulo 2

Questões para revisão

1. A economia comportamental sustenta a tese de que por mais reprováveis, antiéticos e até mesmo ilícitos que sejam os nossos atos e condutas, lançamos mãos de uma série de estratégias (ou justificativas) para apaziguar a nossa consciência e podermos afirmar que somos pessoas honestas e éticas.

2. Pesquisas recentes afirmam que quanto mais uma pessoa estiver cansada, maior será a probabilidade de ela não respeitar todas as regras estabelecidas. Por exemplo, se alguém tiver que

redigir um relatório ao fim de um dia cansativo, essa pessoa tem a tendência de burlar certas normas, em virtude do cansaço.
3. a
4. c
5. a

Capítulo 3

Questões para revisão

1. A lavagem de dinheiro se constitui na ocultação, dissimulação da origem e posterior reintegração ao mercado formal de bens ou valores oriundos de crime anterior, ou seja, trata-se da adoção de uma estratégia para se dispor (para utilização, venda etc.) dos valores e bens auferidos através de conduta criminosa.

2. A concorrência desleal se constitui em um tipo penal que proíbe ataques à liberdade de concorrência, tais como publicar informação falsa de concorrente, empregar fraude para desviar clientela de outrem, atribuir-se distinção que não tem, entre outras condutas tipificadas no art. 195 da Lei 9.279 de 1996 (Brasil, 1996).

3. b
4. a
5. d

Capítulo 4

Questões para revisão

1. Estão sujeitos às penalidades da Lei Anticorrupção as sociedades empresárias e as sociedades simples, personificadas ou não, independentemente da forma de organização ou do modelo societário adotado, bem como quaisquer fundações, associações de entidades ou pessoas ou sociedades estrangeiras que tenham sede, filial ou representação no território brasileiro, constituídas de fato ou de direito, ainda que temporariamente (pessoas jurídicas). Nesses casos, a responsabilização pelos atos ilícitos praticados se dá de forma objetiva, isto é, não se necessita comprovar a culpa ou o dolo. Ainda, os dirigentes ou administradores (pessoas naturais) também se sujeitam às sanções cominadas por essa lei, porém, a sua responsabilização ocorre de forma subjetiva, ou seja, é necessária a verificação

da culpa ou do dolo do agente na prática do ato ilícito.
2. A pena de multa cominada pela Lei Anticorrupção pode chegar ao patamar de 20% do faturamento bruto anual da pessoa jurídica, referente ao último exercício anterior ao da instauração do processo administrativo de responsabilização (PAR)*. Mesmo assim, a multa pode ser reduzida caso sejam verificados os seguintes fatores: a) a não consumação da infração; b) caso a pessoa jurídica tenha ressarcido os danos causados; c) a comunicação espontânea do ato lesivo, realizado pela pessoa jurídica, antes da instauração do PAR. d) a comprovação de que a pessoa jurídica possui e aplica um programa de integridade, desde que efetivo.
3. d
4. d
5. a

Capítulo 5
Questões para revisão
1. O principal objetivo do programa de *compliance* consiste em mitigar os riscos da atividade empresarial por meio da adoção de boas práticas corporativas, pautadas na ética e nos valores da empresa. Para isso, os riscos incidentes sobre as atividades desenvolvidas pela organização devem ser apurados, inclusive os respectivos potenciais de danos, financeiros e à imagem da empresa, para, em seguida, serem adotadas as medidas necessárias visando reduzir a probabilidade de ocorrência dos principais riscos apurados.
2. Na contratação de terceiros residem os maiores riscos de *compliance*, portanto, é preciso muita atenção da empresa quando precisar contratá-los. Um dos pilares dos programas de *compliance* diz

---

* Destinado à apuração da responsabilidade da pessoa jurídica em casos de suspeita de corrupção, conforme art. 8º da Lei n. 12.846/2013, conhecida como *Lei Anticorrupção*. A sigla é descrita no Decreto n. 8.420/2015, art. 2º, que regulamentou a citada lei.

respeito justamente a esses riscos. Denominado *due diligence de terceiros*, esse pilar consiste na investigação prévia do parceiro que se pretende contratar. Nessa etapa, são levantados diversos dados, tais como: o tempo de atuação no mercado; o grau de credibilidade e a imagem perante os seus clientes; a existência de um programa efetivo de *compliance*; sua capacidade de investimento, entre outros, a depender dos riscos que a atividade do terceiro envolve. Desse modo, a empresa poderá decidir com maior segurança acerca da contratação do terceiro investigado.

3. e
4. c
5. b

Francisco de Assis do Rego Monteiro Rocha Junior é doutor e mestre em Direito pela Universidade Federal do Paraná (UFPR). Atua como coordenador nacional das Pós-Graduações em Direito e Processo Penal da ABDCONST (Academia Brasileira de Direito Constitucional). É presidente do IBDPE (Instituto Brasileiro de Direito Penal Econômico) e advogado criminalista militante.

Guilherme Frederico Tobias de Bueno Gizzi é graduado em Direito pelo Centro Universitário Curitiba (Unicuritiba) e especializado em *Compliance* pela Legal, Ethics and Compliance (LEC). É sócio-fundador do Escritório Gizzi & Hornung Advogados e atua como advogado civilista e consultor de *compliance*.

Impressão:
Abril/2018